Vente du 24 Février au 3 Mars 1890

CATALOGUE

DE LA

BIBLIOTHÈQUE

DE

Mme GEORGE SAND ET DE M. MAURICE SAND

Nodier. Histoire du roi de Bohême, sur Chine. — De La Borde. Choix de chansons, reliure exécutée par Derome, aux armes du maréchal de Saxe. — Saint-Non. Voyage de Naples et de Sicile, 5 vol. in-folio, maroquin plein aux armes du maréchal de Saxe. — Fables de La Fontaine, fig. de Fessard. — Revue des Deux Mondes, 1833 à 1889. — Bulletin de la Société géologique de France. — Histoire naturelle des oiseaux, par Buffon, 10 vol. in-folio. — Bulletin de la Société entomologique de France. — Godard et Duponchel. Histoire naturelle des lépidoptères ou papillons de France, etc.

PARIS

LIBRAIRIE DES AMATEURS

A. FERROUD, LIBRAIRE-EXPERT

192, BOULEVARD SAINT-GERMAIN, 192

1890

CATALOGUE

DE LA

BIBLIOTHÈQUE

DE

Mᵐᵉ GEORGE SAND ET DE M. MAURICE SAND

LA VENTE AURA LIEU

Les Lundi 24, Mardi 25, Mercredi 26, Jeudi 27, Vendredi 28 Février, Samedi 1er Mars et Lundi 3 Mars

à huit heures précises du soir

RUE DES BONS-ENFANTS, 28

SALLE N° 2

Par le ministère de Me Georges BOULLAND, commissaire-priseur, 26, rue des Petits-Champs, assisté de M. A. Ferroud.

ORDRE DES VACATIONS

	Numéros.
Lundi 24 Février.	1 à 192
Mardi 25 —	193 à 384
Mercredi 26 —	385 à 575
Jeudi 27 —	576 à 766
Vendredi 28 —	767 à 957
Samedi 1er Mars.	958 à 1211

Lundi 3 Mars. Environ 3 000 volumes ou brochures en lots.

CONDITIONS DE LA VENTE

La vente se fait au comptant.

Les acquéreurs paieront 5 pour cent en sus des enchères, applicables aux frais.

Les livres devront être collationnés dans les vingt-quatre heures de l'adjudication. Passé ce délai, une fois sortis de la salle de vente, ils ne seront repris pour aucune cause.

M. A. Ferroud se réserve la faculté de réunir et de vendre en un seul lot tels articles du Catalogue qu'il jugera utile à l'intérêt de la vente.

M. A. Ferroud, chargé de la vente, remplira les commissions des personnes qui ne pourraient y assister.

Il y aura exposition de 2 heures à 4 heures chaque jour de vente.

CATALOGUE

DE LA

BIBLIOTHÈQUE

DE

MME GEORGE SAND ET DE M. MAURICE SAND

> Nodier. Histoire du roi de Bohême, sur Chine. — De La Borde. Choix de chansons, reliure exécutée par Derôme, aux armes du maréchal de Saxe. — Saint-Non. Voyage de Naples et de Sicile, 5 vol. in-folio, maroquin plein aux armes du maréchal de Saxe. — Fables de La Fontaine, fig. de Fessard. — Revue des Deux Mondes, 1833 à 1889. — Bulletin de la Société géologique de France. — Histoire naturelle des oiseaux, par Buffon, 10 vol. in-folio. — Bulletin de la Société entomologique de France. — Godard et Duponchel, Histoire naturelle des lépidoptères ou papillons de France, etc.

PARIS

LIBRAIRIE DES AMATEURS

A. FERROUD, LIBRAIRE-EXPERT

192, BOULEVARD SAINT-GERMAIN, 192

—

1890

CATALOGUE
DE
BONS LIVRES
ANCIENS ET MODERNES
PROVENANT
DE LA BIBLIOTHÈQUE DE NOHANT

LITTÉRATURE. — HISTOIRE. — PHILOSOPHIE
BEAUX-ARTS

1. **About** (Edmond). La Question romaine. 1861, 2 exempl. — Construction d'une société véridique, juste, affective et libre, par MÉDUIS. 1860. — LAMARTINE. La Chute d'un ange. 1838. — H. MAGEN. Heures de loisir. 1838. — CAMPENON. L'Enfant prodigue. 1811. — CHATEAUBRIAND. Vie de Rancé. 1844. — G. REVILLIOD. La Vengeance d'Ali. 1875. — OVIDE. Sa vie et ses œuvres, par Nageotte. — KONRAD. Wallenrod. 1836. — A. STEVARN. Synédise. 1872. — MENARD. Suis-je poète? 1841. — OLINDE RODRIGUE. Poésies sociales des ouvriers. 1841. — DURAND. La forêt de Fontainebleau. 1836, 2 vol. — Ensemble 15 vol. in-8, br.

    Envois autographes des auteurs à George Sand sur quelques volumes.

2. **About** (Edmond). La Vieille Roche. Le Mari imprévu. *Paris, Hachette*, 1865, 1 vol. in-8, br.

    Envoi autographe de l'auteur à George Sand.

3. **About** (Edmond). La Vieille Roche. Les Vacances de la comtesse. *Paris, Hachette*, 1865, 1 vol. in-8, br.

4. **About** (Edmond). La Vieille Roche. Le Marquis de Lanrose. *Paris, Hachette*, 1866, in-vol. in-8, br.

5. **About** (Edmond). Le Cas de M. Guérin. 1863. — ALEXANDRE DUMAS fils. Sophie Printemps. 1869. — SCLAFER. Le Paysan riche. 1875. — Mme DE SAMAN. Les Enchantements de Prudence. 1873. — ZOLA. Une page d'amour. 1878. — L. FAVRE. Le Pinson des Colombettes.

1876. — DAUDET. Tartarin de Tarascon. 1887. — CAMILLE LEMONNIER. Contes flamands et wallons. 1873. — TH. DE BENTZON. Le Roman d'un muet. 1868. — CADOL. Les Inutiles. 1877. — Deux Mariages. — HECTOR MALOT. Romain Kalbris. — Ensemble 12 vol. in-8, br.

Envoi autographe de l'auteur à George Sand sur un de ces volumes.

6. **About** (Edmond). Le Nez d'un notaire. 1863. — La Marquise de Brienne. 1873. — JULES DE CARNÉ. Cœur et sens. 1868. — LABOULAYE. Contes bleus. 1874. — CHARLES DE BERNARD. L'Écueil. 1858. Mme DE SAMAN. Les Enchantements de Prudence. 1873. — SOUVESTRE. Au bord du lac. 1870. — DE SAINT-GERMAIN. Mignon. 1857. — SOUVESTRE. Un Philosophe sous les toits. 1874. — VALLERY-RADOT. Un Volontaire d'un an. — Mme CLÉSINGER-SAND. Carl Robert. 1887. Mme BLANCHECOTTE. Tablettes d'une femme pendant la Commune. 1872. — Ensemble 12 vol. in-12, br.

Envois autographes des auteurs à George Sand sur 2 de ces volumes.

7. **About** (Edmond). Le Progrès. *Paris, Hachette*, 1864, 1 vol. in-8, br.
Envoi autographe de l'auteur à George Sand.

8. **About** (Edmond). Madelon. *Paris, Hachette*, 1863, 1 vol. in-8, br.

9. **About** (Ed.). Rome contemporaine. *Paris, Lévy*, 1861, 1 vol. in-8, demi-rel. toile.

10. **About** (Edmond). Tolla. 1855. — NADAR. Quand j'étais étudiant. 1856. — E. MEYER. Contes de la mer Baltique. 1855. — JAN. Misanthropie sans repentir. 1860. — MICHELET. L'Oiseau. 1856. — Œuvres de TILLIER. 1846, 2 vol. — Mme MEUNIER. Les Causeries du docteur. 1868. — CHERBULIEZ. Le comte Kostia. 1863. — FEYDEAU. Catherine d'Overmeire. 1860. — Ensemble 10 vol. in-12, demi-rel.

Envois autographes des auteurs à George Sand sur 3 de ces volumes.

11. **Abrantès** (duchesse d'). Hedwige, 1838. — Daila. 1843. Nouvelle lettre de Junius à son ami A. D. — DUMESNIL. Alain Blanchart. — Les Causeries d'une vieille femme. 1847. — Fridrichsdorf. 1850. — SCLAFER. Le Sceptique mourant. 1844. — Ensemble 9 vol. in-8, br.

Envoi autographe de l'auteur à George Sand sur un de ces volumes.

12. **Abrégé chronologique** et historique des progrès et de l'état actuel de la maison du roi et de toutes les troupes de France, par M. SIMON LAMORAL, LE PIPPRE DE NŒUFVILLE; beau portrait de Louis XV par JACQUES CHEREAU, en-têtes; nombreuses armoiries. *A Liège*, 1734, 2 vol. in-4, rel. pl. en v.

13. **Adèle** et **Théodore**, ou Lettres sur l'éducation. *Paris, Lambert*, 1782, 3 vol. in-8, demi-rel. vélin.

14. **Aicard** (Jean). La Chanson de l'enfant. *Paris, Sandoz*, 1 vol. in-8, br.
Envoi autographe de l'auteur à George Sand.

15. **Aicard** (Jean). Les Jeunes Croyances. *Paris, Lemerre*, 1867, 1 vol. in-12, br.
   Envoi et lettre autographes de l'auteur à George Sand.

16. **Aicard** (Jean). Les Rébellions et les apaisements. *Paris, Lemerre*, 1871, 1 vol. in-12, br.
   Envoi autographe de l'auteur à George Sand.

17. **Aicard** (Jean). Poëmes de Provence. *Paris, Lemerre*, 1 vol. in-12, br.
   Envoi autographe de l'auteur à George Sand.

18. **Aicard** (Jean). Smilis, drame. 1884. — LOUIS LEGENDRE. Beaucoup de bruit pour rien. 1887. — LOUISE D'ALQ. La Science du monde. 1878. — CHAROT. Croquis et rêveries. 1884. — E. CADOL. Cathi. 1883. — M. ENGELHARD. Souvenirs d'Alsace. 1882. — J. RICARD. La Voix d'or. 1884. — G. HALLER. Le Sphinx aux perles. A. CARCASSONNE. Le Pacte. 1878. — R. CAZE. L'Élève Gendrevin. 1884. — X. THIRIAT. Journal d'un solitaire. 1883. — Ens. 11 vol.

19. **Albert** (Paul). Histoire de la littérature romaine. *Paris, Delagrave*, 1871, 2 vol. in-8, br.
   Envoi autographe de l'auteur à George Sand.

20. **Amerval** (Éloy d'). La Grande Diablerie, poëme du xve siècle illustrations par Fraipont et Avril. *Paris, Hurtrel*, 1884, 1 vol. in-12, br. avec emb.

21. **Amic** (Henri). Les Vingt-huit jours d'un réserviste. *Paris, Calmann Lévy*, 1881, 1 vol. in-12, br.
   Exemplaire en première édition avec envoi autographe de l'auteur à Maurice Sand.

22. **Amic** (Henri). Madame de Karnel. *Paris, Ollendorff*, 1880, 1 vol. in-12, br.
   Exemplaire sur papier de Hollande.

23. **Anecdotes dramatiques**. *A Paris, chez la veuve Duchesne*, 1775, 3 vol. in-12, demi-rel. toile.

24. **Angleterre** (l') et les Anglais, ou petit portrait d'une grande famille. *Paris, Le Normant*, 1817, 3 vol. in-8, demi-rel. toile.

25. **Année du chrétien** (l') contenant des instructions sur les mystères et les fêtes. *Paris, Guérin*, 1747, 15 vol. in-12, rel. pl. v.
   Manque 1 vol.

26. **Anthologie érotique d'Amarou**. Texte sanscrit, traduction, notes et gloses, par A.-L. Apudy. *Paris, Dondey-Dupré*, 1831, 1 vol. in-8, demi-rel. toile.

27. **Apollinaris Sidonius** (C. Sollius). Œuvres, traduites en français avec le texte en regard et des notes, par Grégoire et Collombet. *Paris*, 1836, 3 vol. in-8, br.

28. **Aponte** (Lorenzo d'). Mémoires traduits par M. C. D. de la Chavanne. *Paris, Pagnerre*, 1860, 1 vol. in-8, demi-rel. chag.

29. **Arago** (Étienne). Spa, son origine, son histoire, ses eaux minérales, ses environs et ses jeux. *Bruxelles*, 1851, 1 vol. in-12, br.
    <small>Lettre autographe de l'auteur à George Sand écrite sur le volume.</small>

30. **Arago** (Étienne). Une voix de l'exil. *Genève*, 1860, 1 vol. in-12, br.
    <small>Envoi autographe de l'auteur à George Sand.</small>

31. **Architecture**, décoration et ameublement, époque Louis XVI, dessinés et gravés avec texte descriptif par Rodolphe Pfnor. *Paris, Morel*, 1865, 1 vol. in-folio, demi-rel. maroq. avec coins.

32. **Architecture** moderne de la Sicile, ou Recueil des plus beaux monuments religieux, par Hittorff et Zanth, planches. *Paris, Renouard*, 1725, 1 vol. gr. in-folio, demi-rel. v.

33. **Archives** de la Comédie-Française. Registre de La Grange (1658-1685), précédé d'une notice biographique; publié par les soins de la Comédie-Française. *Paris, Claye*, 1876, 1 vol. in-4, br.
    <small>Exemplaire offert à George Sand par l'administrateur général et les sociétaires de la Comédie-Française, avec la signature autographe d'Émile Perrin, administrateur général, et celle de E. Got, doyen de la Société.</small>

34. **Arnault** (A.). OEuvres. *Paris, Bossange*, 1824-1827, 8 vol. in-8, demi-rel. vélin.

35. **Artaud** (A.-F.). Machiavel, son génie et ses erreurs, portr. *Paris, Firmin Didot*, 1833, 2 vol. in-8, demi-rel. toile.

36. **Art** (l') d'aimer, et poésies diverses de M. Bernard; front. 1 vol. in-8, rel., pl. v., tr. dor.

37. **Arts** du bois, des tissus et du papier, par MM. de Champeaux, Darcel, G. Bapst, etc.; nombr. illustr. *Paris*, 1883, 1 vol. in-4, br.

38. **Arpentigny** (d'). La Chirognomonie. 1843. — BERTRAND DE SAINT-GERMAIN. Des Manifestations de la vie et de l'intelligence à l'aide de l'organisation. 1848. — Conférences internationales des sociétés de secours aux blessés militaires des armées de terre et de mer, tenues à Paris en 1867. — BRIERRE DE BOISMONT. Des Hallucinations. 1845. — Du Suicide et de la folie suicide. 1856. — Traité de la tenue des livres. 1865. — LE COMTE DE LANCOSME. Brèves. Maux et remèdes. — MENIER. Théorie et application de l'impôt sur le capital. 1874. — EVANS. Manuel de l'amirauté pour les déviations des compas. 1870. — Ensemble 9 vol. in-8, demi-rel.
    <small>Envois autographes des auteurs à George Sand sur presque tous ces volumes.</small>

39. **Atlas** de l'Histoire de France. Principaux événements de l'Histoire de France, depuis Pharamond jusqu'à la mort de saint Louis. Vignettes à mi-page, par Moreau le jeune, Lepicié, **Manet**, Lebas, cartes et front.; 1 vol. in-4, rel. pl. en v.

40. **Atlas** de l'Histoire romaine. Principaux événements de l'Histoire romaine. Vignettes à mi-page par Myris. 1 vol. in-4, rel. pl. en v.

41. **Augier** (Émile). La Ciguë. *Paris, Furne*, 1844, 1 plaq. in-12, br.
    Envoi autographe de l'auteur à George Sand.

42. **Augier** (Émile). Le Fils de Giboyer. *Paris, Lévy*, 1863, 1 vol. in-8, br.
    Envoi autographe de l'auteur à George Sand.

43. **Auguez** (S.). Les Élus de l'avenir. 1856. — Ribes. Études pratiques, sommaires sur la méthode positive. 1856. — Saint-Bonnet. De l'affaiblissement de la raison et de la décadence en Europe. 1854. — O. Pirmez. Feuillées. 1862. — Huet. Discours sur la réformation de la philosophie au xix° siècle. 1843. — E. Mercier. De la perfectibilité humaine. *Leleux*, 1842. — Vte Bretignères de Courteilles. Les Condamnés et les prisons. 1838. — Besse des Larzes. La Science et la foi. 1852. — Guillemon. L'Intelligence et la foi. 1840. — Fondements du droit d'égalité. 1843. — Opinions littéraires, philosophiques et industrielles. *Bossange*, 1825. — Ensemble 11 vol. in-8, br.
    Envois autographes des auteurs à George Sand sur plusieurs volumes.

44. **Aussy** (Le Grand d'). Histoire de la vie privée des Français depuis l'origine de la nation jusqu'à nos jours. *Paris, Pierres*, 1782, 3 vol. in-8, demi-rel. toile.

45. **Babaud-Laribière**. Études historiques et administratives. *Confolens*, 1863, 2 vol. in-8, br.

46. **Balearis Major**. Souvenirs d'un voyage d'art à l'île de Majorque exécuté en septembre et octobre 1839 ; par J.-B. Laurens, 53 planches. *Paris*, 1 vol. in-8, demi-rel.

47. **Balzac** (de). Histoire intellectuelle de Louis Lambert. *Paris, Gosselin*, 1833, 1 vol. in-12, cart.
    On lit sur le faux-titre : « Exemplaire donné par l'auteur à G. Sand », écrit de la main de George Sand.

48. **Balzac** (H. de). Vautrin, drame en 5 actes. *Paris, Delloye*, 1840, 1 vol. in-8, demi-rel.
    Envoi autographe de l'auteur à George Sand.

49. **Balzac** (H. de). Mémoires de deux jeunes mariées. *Paris, Souverain*, 1842, 2 vol. in-8, demi-rel. chag.
    Envoi autographe de l'auteur.

50. **Balzac** (H. de). Œuvres, illustrées par M. Tony Johannot, Bertall, Monnier, Daumier, Meissonier. *Paris*, 1851, 5 vol. in-4, demi-rel.

51. **Balzac** (H. de). Théâtre, 1853. — Hippolyte Lucas. Histoire philosophique et littéraire du Théâtre français, depuis son origine

jusqu'à nos jours. *Paris, Gosselin*, 1843. — OEuvres de M. et Mme Favart, leur vie, par lord PILGRIMM. — Mme Favart et le maréchal de Saxe, par LÉON GOZLAN. *Paris, Didier*, 1853, 2 exemplaires. — Ensemble 4 vol. in-12, demi-rel.

52. **Balzac.** Les Contes drolatiques, 5e édition, illustrés de 425 dessins par Gustave Doré. *Paris*, 1855, 1 vol. in-8, demi-rel.

53. **Balzac** (H. de). Le Vicaire des Ardennes. — Jane la pâle. — L'Excommunié. — Argow le pirate. — Le centenaire Dom Gigadas. — La Dernière Fée. — L'Israélite. — Jean-Louis. — L'Héritière de Birague. *Paris, Lévy*, 1866-1867, 10 vol. in-16, br.

54. **Balzac** (H. de). OEuvres complètes. *Paris, Lévy*, 1869-1873, 23 vol. in-8, demi-rel. chag.

55. **Balzac** (H. de). Le Père Goriot, scènes de la vie parisienne, avec 10 compositions par Lynch, gravées à l'eau-forte par E. Abot. *Paris*, 1885, 1 vol. in-8, br.

56. **Balzac** (H. de). Le colonel Chabert. *Paris, Lévy*, 1886, 1 vol. in-12, br.
    Avec la suite de gravures éditée par Conquet.

57. **Banville** (Théodore de). Florise. *Paris, Lemerre*, 1870, 1 vol. in-12, br.
    Envoi autographe de l'auteur à George Sand.

58. **Bapst** (Germain). Histoire des joyaux de la couronne de France. Ouvrage orné de 50 gravures. *Paris, Hachette*, 1889, 1 vol. grand in-8, demi-rel. am.

59. **Barante** (de). Histoire des ducs de Bourgogne de la maison de Valois, fig. *Paris, Didier*, 1860, 8 vol. in-12, br.

60. **Barbier** (Auguste). Satires et poèmes. *Paris, Bonnaire*, 1837, 1 vol. in-8, br.

61. **Barron** (Louis). Les Environs de Paris, ouvrage illustré de 500 dessins d'après nature, par G. Fraipont. 1 vol. gr. in-8, cart. de l'éditeur.

62. **Barthe.** Le Canada reconquis par la France ; ouvrage illustré de 6 gravures et une carte. *Paris, Ledoyen*, 1855, 1 vol. in-8, br.
    Envoi autographe de l'auteur à Maurice Sand.

63. **Barthélemy** (l'abbé). Dissertation sur une ancienne inscription grecque, relative aux finances des Athéniens. *Paris, Imprimerie royale*, 1792, 1 vol. in-4, demi-rel. bas.

64. **Barthélemy.** Voyage du jeune Anacharsis en Grèce, dans le milieu du IVe siècle avant l'ère vulgaire. *Paris, de Bure*, 1787-1788, 6 vol. in-8 et 1 atlas, demi-rel. bas.
    Manque le tome I.

65. **Baschet** (Armand). H. de Balzac. Essai sur l'homme et sur l'œuvre, 1852. — Conversations de Gœthe pendant les dernières années de sa vie, 1822-1832, recueillies par Eckermann, 1863. — Mémoires de Canler. Œuvres sociales de Channing, 1854. — Pontavice du Heussey. Poèmes virils, 1862. — Mailly. Essai sur la vie et les ouvrages de Quetelet, 1875. — Entretiens de Gœthe et d'Eckermann. — A. Hock. Œuvres complètes, 1872, 3 vol. (manque le tome 3). Ensemble 10 vol. in-12, demi-rel.

Envois autographes des auteurs à George Sand sur quelques volumes.

66. **Baschet** (Armand). Les Origines de Werther, d'après des documents authentiques. *Paris, Amyot*, 1855. — X. Marmier. Études sur Gœthe. *Paris, Levrault*, 1835. 1 vol. in-8, demi-rel. toile.

Envoi autographe de M. X. Marmier à George Sand.

67. **Batissier**. Histoire de l'art monumental. *Paris, Furne*, 1845, 1 vol. in-8, demi-rel. v.

68. **Bayle** (Pierre). Dictionnaire historique et critique. *Paris, Desoer*, 1820, 16 vol. in-8, rel. pl. v.

69. **Beauchesne** (de). Louis XVII, sa vie, son agonie, sa mort; captivité de la famille royale au Temple; fac-similés d'autographes, portr., plans. *Paris, Plon*, 1868, 2 vol. in-12, br.

70. **Beaumarchais**. La Folle Journée, ou le Mariage de Figaro. *Paris*, 1785, 1 vol. grand in-8, rel. pl. en veau.

71. **Beaumarchais** (Pierre-Augustin Caron de). Œuvres, nombr. figures. *A Paris, chez Collin*, 1809, 7 vol. in-8, rel. pl. v.

72. **Beaumarchais** (de). Le Mariage de Figaro, avec cinq eaux-fortes de Valton gravées par Abot, 1884. — Le Barbier de Séville, avec cinq eaux-fortes. — Turcaret, avec cinq eaux-fortes gravées par Gaujean. — Ensemble 3 vol. in-12, br.

73. **Beaumont** (Gustave de). L'Irlande sociale, politique et religieuse, *Paris, Lévy*, 1863, 2 vol. in-12, br.

74. **Belgique monumentale** (la) historique et pittoresque, par MM. Moke, V. Joly, etc.; ouvr. illustré, suivi d'un coup d'œil sur l'état actuel des arts, des sciences et de la littérature en Belgique par A. Baron. *Bruxelles, Jamar*, 1844, 2 vol. gr. in-8, br.

75. **Belot** (Adolphe). Deux Femmes. 1873. — Comtesse Marie Montemerli. Les Sensations d'une morte. 1863. — Valéry Vernier. Greta. 1861. — Mathieu. L'Esprit de famille. 1863. — Miss Braddon. Le chêne de Blatchmardean. 1887. — Louisa Siéfert. Méline. 1876. — Jules Sandeau. La Roche aux Mouettes. 1873. — Edgar Poe. Aventures d'Arthur Gordon Pym. 1862. — Jérémias Gotthelf. Au village. — Andersen. Nouveaux Contes. — Wilkie Collins. La Fille

de Jézabel. — La Morte vivante. — JULES SANDEAU. La Maison de Penarvan. 1864. — BRADDON. Lady Lisle. — Mme THURET. Belle-mère et belle-fille, 1868. — Ensemble 15 vol. in-12, br.

76. **Ben Jonson**, traduit par Ernest Lafond, précédé d'une notice sur la vie et les œuvres de Ben Jonson. *Paris, Hetzel*, 1863, 2 vol. in-8, br.

77. **Bensserade.** OEuvres, front. *A Paris, chez Charles de Sercy*, 1697, 1 vol. in-12, rel. pl. v.

78. **Béranger.** Chansons, illustrées de 53 grav. sur acier d'après Charlet, Johannot, Pauquet, etc., édit. contenant les 10 chansons publiées en 1847 et le fac-similé d'une lettre de Béranger. *Paris, Perrotin*, 1859, 2 vol. — Dernières Chansons de Béranger de 1834 à 1851. *Paris, Perrotin*, 1857. — Ma Biographie, écrite par Béranger et ornée d'un portr. dessiné par Charlet et de 8 grav. *Paris, Perrotin*, 1860. — Correspondance de Béranger, recueillie par Boiteau. *Paris, Perrotin*, 1860, 4 vol. — Ensemble 8 vol. in-8, demi-rel. chag. pl. toile.

79. **Béranger.** Chansons, ornées de 161 dessins par Andrieux, Bayard. etc. *Paris, Perrotin*, 1867, 1 vol. in-4, br.

80. **Béranger.** OEuvres complètes, édit. elzéviriennes avec un portr. d'après Charlet, *Paris, Perrotin*, 1841, 1 vol. in-12, demi-rel.
    Envoi d'auteur à Mme George Sand.

81. **Bernard** (Ch. de). Gerfaut, avec 10 illustr. de Adolphe Weisz gravées à l'eau-forte par H. Manesse. *Paris*, 1889, 1 vol. in-8, br.

82. **Bernardin de Saint-Pierre.** Paul et Virginie, suivie de la Chaumière indienne. *Paris, Furne*, 1855, 1 vol. in-8, demi-rel.

83. **Berquin.** OEuvres complètes. Édition revue et corrigée par M. F. Raymond avec une notice sur Berquin par M. Bouilly, ornée de 40 jolies grav. *Paris, Masson*, 1829, 10 vol. in-12, br.

84. **Besenval.** Mémoires de M. le baron de Besenval écrits par lui-même ; portr. *Paris, Buisson*, 1805-1806, 4 vol. in-8, demi-rel. toile.

85. **Bibliotheca americana** vetustissima. A description of works relating to America published between the years 1492 and 1551. Additions ; front. *Paris, Tross*, 1872, 1 vol. gr. in-8, cart. Bradel.
    Envoi autographe de l'auteur à George Sand.

86. **Bibliothèque universelle** des romans, ouvr. périodique dans lequel on donne l'analyse raisonnée des romans anciens et modernes. *Paris, Lacombe*, 1775-1781, 46 vol. in-12, rel. pl. v.
    Manque 4 volumes.

87. **Blanc** (Louis), Histoire de dix ans, 1830-1840. *Paris, Pagnerre*, 1842-1844, 5 vol. in-8, demi-rel. chag.

88. **Blanc** (Louis). Histoire de la Révolution française. *Paris, Langlois*, 1847-1862, 12 vol. in-8, dont 6 br. et 6 demi-rel. chag.
   Envoi autographe de l'auteur à George Sand.

89. **Blanc** (Louis). Pages d'histoire de la Révolution de février 1848. *Paris*, 1850, 1 vol. in-8, demi-rel. chag.

90. **Blanchecotte** (Mme). Le Long de la vie. 1876. — H. d'Ideville. Journal d'un diplomate en Italie. 1875. — Nathalie de Lajolais. Éducation pratique des femmes. 1841. — Plauchut. Les Quatre campagnes militaires de 1874. *Lévy*, 1875. — Hortense Allart de Méritens. Novum organum. 1857. — Scherer. Études critiques de littérature. 1876. — Marc Monnier. L'Italie est-elle la terre des morts?. 1860. — Alexandrine Mathieu. Causeries sur les femmes célèbres. 1876. — Mme Andley. Frédéric Chopin. 1880. — Clément de Ris. Portraits à la plume. 1853. — Études critiques sur la littérature contemporaine. 1863. — De Pontmartin. Les Jeudis de Mme Charbonneau. 1863. — Ensemble 12 vol. in-12, br.
   Envois autographes des auteurs à George Sand sur quelques volumes.

91. **Blanchecotte** (Mme A.-M.). Rêves et réalités. 1871. — J. de Gères. Rose des Alpes. 1856. — Tristia. 1870. — G. Rousselot. Le Poème humain. 1874. — J. Journet. Poésies et chants harmoniens. 1857. — Amédée Marteau. Espoirs et souvenirs. 1867. — Clairville. Chansons et poésies. 1853. — A. Campaux. Maisonnette. 1872. — Les Consolations. 1830. — E. Prarond. De Montréal à Jérusalem. 1869. — Ensemble 10 vol. in-12, br.
   Envois autographes des auteurs à George Sand sur plusieurs volumes.

92. **Blaze de Bury** (Henri). Le Chevalier de Chasot, mémoires du temps de Frédéric le Grand. *Paris, Lévy*, 1862, 1 vol. in-12, demi-rel. chag.

93. **Blémont** (Émile). Les Filles Sainte-Marie, ronde, dessins de Frédéric Régamey, musique de Alma Rouch. 1 vol. in-4, cart.

94. **Blocqueville** (la marquise de). Les Soirées de la villa des Jasmins. *Paris, Didier*, 1874, 4 vol. in-8, br.

95. **Blondel** (Spire). L'Art intime et le goût en France, nombr. illustr. *Paris, Rouveyre*, 1884, 1 vol. gr. in-8, br.

96. **Boileau-Despréaux**. Œuvres, fleuron sur le titre et en-têtes. *Paris, David*, 1747, 5 vol. in-8 rel. pl. v.

97. **Boileau-Despréaux**. Œuvres, 1 portr. et 1 fig. *A Londres*, 1780, 2 vol. in-16, rel. pl. maroq. tr. dor. (*Cazin.*)

98. **Boileau-Despréaux**. Œuvres. *Paris, Desoer*, 1821, 4 vol. in-32, cart.

99. **Bonnaffé** (E.). Causeries sur l'art et la curiosité, front. par Jules Jacquemart. *Paris, Quantin*, 1878, 1 vol. in-8, cart.

100. **Bonnaffé** (E.). Dictionnaire des amateurs français au XVIIe siècle. *Paris,* 1884, 1 vol. in-8, br.

101. **Bonnard** (Camille). Costumes des XIIIe, XIVe, XVe siècles, fig. coloriées. *Paris, Treuttel,* 1829, 2 vol. in-4, demi-rel. amateur, tête dor.

102. **Bonneau** (Alcide). Curiosa, essais critiques de littérature ancienne ignorée ou mal connue. *Paris, Liseux,* 1887, 1 vol. in-8, br.

103. **Bonnetain** (Joanny). De la Démocratie française, et de son avenir. 1844, 2 vol. — MATTER. De l'Affaiblissement des idées et des études morales. 1841. — H. MARET. Essai sur le panthéisme dans les sociétés modernes. 1841. — A. VINET. Nouveaux Discours sur quelques sujets religieux. 1841. — A. JUGE. Traité de la science morale et philosophie. 1856. — E. COURNAULT. De l'âme, Essai de psychologie expérimentale. 1855. — Ensemble 7 vol. in-8, br.

Envoi autographe de l'auteur à George Sand sur un de ces volumes.

104. **Bonnetain** (Paul). L'Extrême-Orient, ouvr. illustré de nombreux dessins d'après nature et accompagné de 3 cartes. 1 vol. gr. in-8, br.

105. **Bosquet.** Une femme bien élevée, 1867. — Mme E. MARA. LinaDale. 1872. — BRADDON. Un fruit de la mer Morte. 2 vol. — Les Horizons prochains. 1862. — Un Ladre. 1859. — Le Péché de Madeleine. 1865. — BLANDY. La Dernière Chanson. 1867. — ROBERT FRANTZ. Souvenirs d'une cosaque. 1874. — POURRAT. Vercingétorix. Le roi de la guerre. 1865. — PAULINE THYS. Le Roman d'un curé. 1867. — THABAUD. L'abbé Lenoir. 1867. — Les mémoires de Cendrillon. 1879. — Ensemble 13 vol. in-12, br.

Envois autographes des auteurs à George Sand sur plusieurs de ces volumes.

106. **Bosse** (Abraham). De la Manière de graver à l'eau-forte et au burin et de la gravure en manière noire, édition enrichie de 19 pl. en taille-douce. *Paris, Jombert,* 1745, 1 vol. in-8, rel. pl. v.

107. **Boucher de Perthes.** Les Maussades, complainte. *Treuttel,* 1862. — Nouvelles. *Treuttel,* 1832. — Chants armoricains. 1831. — De la Création, essai sur l'origine et la progression des êtres. 1841, 5 vol. — Ensemble 8 vol. in-12, br.

Envois autographes de l'auteur à George et à Maurice Sand sur deux de ces volumes.

108. **Boucher de Perthes.** Sous dix rois. Souvenirs de 1791 à 1860, *Paris, Treuttel,* 1863, 5 vol. in-12, br.

Envoi autographe de l'auteur à George Sand.

109. **Bouis** (Amédée). Le Whip-poor-will, ou les Pionniers de l'Orégon. *Paris,* 1847, 1 vol. in-8, demi-rel. toile.

Envoi autographe de l'auteur à George Sand.

110. **Bornier** (Vte Henri de). La Fille de Roland, drame en 4 actes. *Paris, Dentu*, 1885, 1 vol. in-8, br.

111. **Boucoiran** (L.). Monographie de la fontaine de Nîmes. Histoire et description des jardins et monuments; fig. *Nîmes*, 1859, 1 vol. in-8, cart.

112. **Bovie** (Félix). Chansons publiées au bénéfice des pauvres par la société vocale d'Ixelles, avec dessins de Billoin, Dillens, Gosselin, Van Leben, etc. *Bruxelles*, 1864, 1 vol. in-8, br.

<small>Envoi autographe de l'auteur à George Sand.</small>

113. **Breiz-Izel,** ou Vie des Bretons de l'Armorique, dessins par Olivier Perrin, gr. sur acier par Reveil. Texte par A. Bouet. *Paris, Dusillion*, 1844, 3 vol. reliés en un.

114. **Breton** (Jules). Les Champs et la Mer. *Paris, Lemerre*, 1875, 1 vol. in-12, br.

<small>Envoi autographe de l'auteur à George Sand.</small>

115. **Breton** (Ernest). Pompéia. *Paris, Gide*, 1855, 1 vol. in-8, rel. pl. chag.

116. **Briffault.** Paris dans l'eau. 1844. — BERTALL. Cahier des charges des chemins de fer. 1847. — PAUL DE MUSSET. M. le Vent et Mme la Pluie. 1846. — DE BALZAC. Paris marié. 1846. — Ensemble 4 vol. in-8, br.

117. **Brillat-Savarin.** Physiologie du goût, ou Méditations de gastronomie transcendante. *Bruxelles*, 1839, 1 vol. in-12, br.

118. **Brosses** (Charles de). Lettres familières écrites d'Italie à quelques amis en 1739 et 1740 avec une étude littéraire et des notes, par Hippolyte Babou. *Paris, Poulet-Malassis*, 1858, 2 tomes en 1 vol. in-12, demi-rel. chag.

119. **Buchez et Roux.** Histoire parlementaire de la Révolution française. *Paris, Paulin*, 1834-1838, 40 vol. in-8, demi-rel. toile.

120. **Buchez** (J.-B.). Histoire de l'Assemblée constituante. *Paris, Hetzel*, 1846, 5 vol. in-12, demi-rel. toile.

121. **Buonaparte,** sa famille et sa cour. 1816, 2 vol. — Mémoires de la princesse Caroline adressés à la princesse Charlotte sa fille, portr. 1813, 2 vol. — Œuvre parlementaire du comte de Cavour, trad. et annotée par Artom et A. Blanc. 1862. — Bertrand Du Guesclin et son époque par Jamison. 1866. — Ensemble 6 vol. in-8.

122. **Byron** (lord). Œuvres complètes, traduites de l'anglais par MM. A.-P. et E.-D. S.; portr. *Paris, Ladvocat*, 1821, 8 vol. in-16, rel. pl. v.

123. **Byron** (lord). Complete works including his suppressed poems, and others never before published; portr., fig. de Tony Johannot. *Paris, Baudry*, 1832, 4 vol. in-8, rel. pl. v. gaufré.

124. **Byron** (lord). Œuvres complètes, trad. par B. Laroche, portr. et grav. *Paris, Charpentier*, 1838, 1 vol. gr. in-8, cart.

125. **Byron** (lord). The complete works of lord Byron reprinted from the last London edition, with notes and illustrations. *Francfort, J. Baer*, 1846, 1 vol. gr. in-8, demi-rel. chag.

126. **Cadol** (Édouard). La Diva. 1879. — La Bête noire. 1875. — Tout seul. — Le Cheveu du diable. 1875. — Mademoiselle. 1887. — Le Meilleur monde. 1886. — Le Fils adultérin. 1881. — Ensemble 7 vol. in-12, br.

    Envois autographes de l'auteur sur presque tous ces volumes.

127. **Cadol** (Edouard). La Fausse Monnaie. 1869. — La Germaine. 1863 (3 exemplaires). — Une amourette. 1871. — Les Inutiles. 1868. Le Mystère. 1870. — Jacques Cernol. 1870. — Les Ambitions de M. Fauvelle. 1867. — Les Créanciers du bonheur. 1871. — Le Spectacle de Patrick. 1872. — La Belle Affaire. 1869. — Ensemble 12 vol. in-12.

    Envois autographes de l'auteur à George Sand sur tous ces volumes.

128. **Cadol** (Édouard). La Grande Vie. 1879. — Carpentier. Les Jumeaux de Lusignan. — Pouschkine. La Fille du capitaine. 1853. — 1853. — Les Horizons célestes. 1862. — Blandy. Bénédicte. — Médéric Charot. La Chanson du berger. 1880. — G. Ferry. Voyage et aventures au Mexique. 1862. — C^{sse} Marie Montemerli. Les Sensations d'une morte. 1863. — Don Quichotte. 1853. — Snake. Les Mondes habités. 1859. — Dickens. Olivier Twist. — Vie et aventures de Nicolas Nickleby. 2 vol. — Langlois Fréville. L'abbé de Blanche-Lande. 1888. — Thackeray. La Foire aux vanités. 1855. — Ensemble 15 vol. in-12, br.

129. **Cadol** (Édouard). Le Cheveu du diable, voyage fantastique au Japon, illustr. de Wogel. *Paris, Monnier*. — De Latouche. Adrienne. 1845. — Fortoul. Grandeur de la vie privée. 1838. — D'Aiguy. Une vie. — Les Récits d'un vieux gentilhomme polonais. — Récits et causeries de jeune femme. 1834. — Ensemble 6 vol. in-8, br.

    Envoi autographe de l'auteur sur un de ces volumes.

130. **Cahen** (S.). La Bible, traduction nouvelle avec l'hébreu en regard accompagné des points-voyelles et des accens toniques, avec des notes philologiques, géographiques et littéraires. *Paris*, 1831-1836, 8 vol. in-8, demi-rel. chag.

131. **Caro** (E.). L'Idée de Dieu et ses nouveaux critiques. 1865. — A. Comte. Catéchisme positiviste. 1852. — Guy de Beaufort. Idéal et nature. 1875. — P. Janet. Le Matérialisme contemporain. 1864. —

E. Acollas. L'Enfant né hors mariage. — Jules Simon. Le Devoir. *Hachette*, 1854. — Mme Necker de Saussure. L'Éducation progressive, tome 2. — L. Richer. Lettres d'un libre-penseur à un curé de village. 1869. — De Strada. Essai d'un ultimum organum. 1865, tome 2. — V. Guichard. La Liberté de penser. 1869. — Ensemble 10 vol. in-12, br.

<small>Envois autographes des auteurs à George Sand sur plusieurs volumes.</small>

132. **Carreaux en faïence italienne** de la fin du xve siècle et du commencement du xvie siècle, d'après les dessins originaux, publiés par M. Meurer. *Paris*, 1885, 1 vol. in-folio en carton.

133. **Casanova**. Mémoires de Jacques Casanova de Seingalt écrits par lui-même. *Paris, Paulin*, 1833, 10 vol. in-8, demi-rel. v.

134. **Cassandre**. Roman. *Paris, Paulus Du Mesnil*, 1752, 3 vol. in-12, rel. pl. v.

135. **Casti** (Giambattista). Opere complete, portr. *Parigi, Baudry*, 1838, 1 vol. gr. in-8, demi-rel.

136. **Cazalis** (Henri). Le Livre du néant. *Paris, Lemerre*, 1872, 1 vol. in-12, br.

<small>Envoi autographe de l'auteur à George Sand, et appréciation manuscrite de George Sand sur ce livre avec sa signature autographe.</small>

137. **Cazalis** (Henri). Melancholia. 1868. — Muston. Valdésie. 1863. — Olinde-Petel. Les Idéales. 1858. — Raoul Lafagette. Chants d'un montagnard. 1869. — Rêves et réalités. 1855. — L'abbé Espagnolle. Les Feuilles et les Fruits. 1871. — P. Gaudin. Scherzo. 1867. — L. Valéry. Nuda. 1867. — Desbordes-Valmore. Poésies Magyares. 1873. — Médéric Charot. Petites Pages poétiques. 1868. — De Latouche. Adieux. 1844. — Encore adieu. 1852. — Ensemble 12 vol. in-12, br.

<small>Envois autographes des auteurs à George Sand sur plusieurs volumes.</small>

138. **Cecilia**, ou Mémoires d'une héritière par l'auteur d'Evelina, traduits de l'anglais. *Londres*, 1784, 4 vol. in-12, rel. pl. v.

139. **Cent dessins** de maîtres reproduits en fac-simile. *Paris, Launette*, 1885, 1 vol. in-4, cart.

140. **Cervantes**. L'ingénieux hidalgo don Quichotte de la Manche, vignettes de Tony Johannot. *Paris, Dubochet*, 1836, 2 vol. in-8, demi-rel.

141. **Cervantes** (Michel de). Don Quichotte de la Manche, avec les dessins de Gustave Doré. *Paris, Hachette*, 1863, 2 vol. in-fol., cart. de l'éditeur.

142. **Challamel** (A.). Histoire-Musée de la République française avec les estampes, costumes, caricatures du temps. *Paris*, 1842, 2 vol. in-8, demi-rel.

143. **Challamel** (Augustin). Histoire-Musée de la République française depuis l'Assemblée des notables jusqu'à l'Empire; nombr. fig., fac-similés d'autographes. *Paris, Challamel*, 1842, 2 vol. gr. in-8, cart. de l'éditeur.

144. **Cham**. Les Tortures de la mode. 1 vol. in-4, br.

145. **Chambrier** (James de). Marie-Antoinette, reine de France. *Paris, Didier*, 1871, 2 vol. in-12, br.

Envoi autographe de l'auteur à George Sand.

146. **Champfleury**. Les Bourgeois de Molinchart. *Paris, Librairie nouvelle*, 1855. — Contes d'été. *Paris, Lecou*, 1853. — Les Excentriques. *Paris, Lévy*, 1856. — Contes d'automne. *Paris, Lecou*, 1854. — Le Réalisme. *Paris, Lévy*, 1857. — Contes de printemps. *Paris, Lecou*, 1853. — Ensemble 6 vol. in-12, demi-rel. toile.

Envois autographes de l'auteur à George Sand sur tous ces volumes.

147. **Charrassin** (Frédéric) et **Ferdinand François**. Dictionnaire des racines et dérivés de la langue française pour la facilité de l'étude et de l'enseignement. *Paris, Héois*, 1842, 1 vol. gr. in-8, rel. pl. v. gaufré, tr. dor.

148. **Charot** (Médéric). Le Bataillon de Provins. 1872. — Mario Proth. Les Vagabonds. 1865. — L'Égale de son fils. 1872 (2 exempl.). — Boucher de Perthes. Portraits de mes connaissances. 2 vol. 1861. — Marquis de Villemer; portraits parisiens. 1866. — J. Simoney. L'Avortement de 1789. — J. Levallois. L'Année d'un ermite. 1870. — L. Viardot. Les Merveilles de la peinture. 1868. — A. Marteau. Caractères et portraits contemporains. 1863. — Th. Couture. Entretiens d'atelier. 1869. — L. Dépret. L'Album de Karl. 1874. — Les Délices de la sagesse sur l'amour conjugal, par E. Swedenborg. 1855, tome I. — La Vraie Religion chrétienne. 1852. Tome I. — Ensemble 15 vol. in-12, br.

Envois autographes des auteurs à George Sand sur quelques volumes.

149. **Chasles** (Philarète). Charles Ier, sa cour, son peuple et son parlement avec 18 grav. sur acier d'après Van Dyck, Rubens et Cattermole. *Paris, Janet*, 1 vol. gr. in-8, demi-rel. toile.

150. **Chasles** (Philarète). Virginie de Leyva, ou Intérieur d'un couvent de femmes en Italie au commencement du xviie siècle. *Paris, Poulet-Malassis*, 1861, 1 vol. in-12, br.

Envoi autographe de l'auteur à George Sand.

151. **Chassang** (A.). Histoire du roman et de ses rapports avec l'histoire dans l'antiquité grecque et latine. *Paris, Didier*, 1862, 1 vol. in-8, br.

152. **Chassin** (C.-L.). La Hongrie, son génie et sa mission, étude historique suivie de Jean de Hunyad. *Paris, Garnier*, 1856, 1 vol. in-8, demi-rel. chag.

Envoi autographe de l'auteur à George Sand.

153. **Chateaubriand** (F.-A. de). Génie du christianisme, ou Beautés de la religion chrétienne; front., fig. *Paris, Le Normant*, 1816, 5 vol. in-8, rel. pl. v.

154. **Chateaubriand** (F.-A. de). Les Martyrs, ou le Triomphe de la religion chrétienne. *Paris, Le Normant*, 1809, 2 vol. in-8, demi-rel. vélin. — Simple Histoire, traduction de l'anglais de mistress Inchbald, par M. Deschamps. *Paris*, 1791, 2 vol. in-8, demi-rel. vélin. — Lady Mathilde pour servir de suite à Simple Histoire. *Paris*, 1792, 1 vol. in-8, demi-rel. vélin. — FLORIAN. Estelle. *Paris, de l'imprimerie de Monsieur*, 1788, 1 vol. in-8, demi-rel. vélin. — Ensemble 6 vol.

155. **Chateauvillard** (le comte de). Essai sur le duel. *Paris, Bohaire*, 1836, 1 vol. in-8, rel. pl. maroq. tr. dor.

156. **Chefs-d'œuvre** de Shakspeare, avec la traduction française en regard par MM. Philarète Chasles, Lebas et Mennechet et des notices critiques et historiques par D. O'Sullivan. *Paris, Belin-Mandar*, 1836, 1 vol. — Chefs-d'œuvre de Shakspeare (Othello, Hamlet et Macbeth, avec la traduction française en regard par MM. Nisard, Lebas et Fouinet et des notices critiques et historiques, par O'Sullivan). *Paris, Belin-Mandar*, 1837, 1 vol. — Ensemble 2 vol. in-8, demi-rel. toile.

Envois autographes de l'auteur à George Sand sur ces 2 volumes.

157. **Chennevières** (marquis de). Les Dessins de maîtres anciens exposés à l'école des Beaux-Arts en 1879. *Paris, Gazette des Beaux-Arts*, 1880, 1 vol. gr. in-8, br.

158. **Chennevières** (P. de). Les Aventures du petit roi saint Louis devant Bellesme. *Paris, Hetzel*, 1 vol. in-12, br.

Envoi autographe de l'auteur à George Sand.

159. **Cherbuliez** (Victor). A propos d'un cheval. Causeries athéniennes. *Genève*, 1860, 1 vol. in-8, demi-rel. toile.

Envoi autographe de l'auteur à George Sand.

160. **Cherbuliez** (Victor). Le prince Vitale. *Paris, Lévy*, 1864, 1 vol. in-12, br.

Envoi autographe de l'auteur à George Sand.

161. **Chevalier** (Pitre). Bretagne ancienne et moderne. — Bretagne et Vendée. *Paris, Coquebert*, 2 vol. in-8, demi-rel.

162. **Chevassus** (Adolphe). Les Jurassiennes, poésies nouvelles. 1863. — Poésies de FRANÇOIS ROUGET. 1857. — O. LACROIX. Les Chansons d'avril. 1852. — A. ROBERT. La Parole et l'épée. 1868. — A. YVES. Faust. 1861. — J. MARCHESSEAU. Les Croyances. 1855. — J. PRIOR. Les Veilles d'un artisan. 1865. — L. CHALMETON. Heures de loisir. 1860. — P. DE RATTIER. Chants prosaïques. 1864. —

Th. Le Breton. Espoir. 1845. — Vincent de Breau. Poésies diverses. 1853. — A. Maillard. Paysages et Souvenirs. 1868. — J. Martinelli. Causeries de paysan. 1857. — L. de Lyvron. Poèmes en prose. 1867. — G. Lafenestre. Les Espérances. 1864. — Ensemble 15 vol. in-12, br.

Envois autographes des auteurs à George Sand sur presque tous les volumes.

163. **Chez Victor Hugo** par un passant, avec 12 eaux-fortes de Maxime Lalanne. *Paris*, 1864, 1 vol. in-8, br.

164. **Choderlos de Laclos.** Les Liaisons dangereuses. *Amsterdam*, 1782, 4 tomes en 2 vol. in-12, rel. pl. v.

165. **Chodzko** (Alexander). Specimens of the popular poetry of Persia as found in the adventures and improvisations of Kurroglou, the bandit-minstrel of Northern Persia. *London*, 1842, 1 vol. gr. in-8, rel. toile.

166. **Choix des historiens grecs**, avec notices biographiques par J.-A.-C. Buchon, carte. *Paris, Desrez*, 1837, 1 vol. gr. in-8, demi-rel. toile.

167. **Cladel** (Léon). Mes Paysans. La Fête votive de Saint-Bartholomée Porte-Glaive. *Paris, Lemerre*, 1872, 1 vol. in-12, br.

Envoi autographe de l'auteur à George Sand.

168. **Claretie** (Jules). Monsieur le Ministre, illustré de 10 compositions par Adrien Marie, gravées à l'eau-forte par Wallet. 1 vol. in-8, br.

169. **Claretie** (Jules). Peintres et sculpteurs contemporains. *Paris, Charpentier*, 1873, 1 vol. in-12, br.

Envoi de Jules Claretie à Mme George Sand.

170. **Claretie** (J.). Pierrille, histoire de village. *Paris, Dupray*, 1863, 1 vol. in-12, br.

Première édition avec envoi autographe de l'auteur à George Sand.

171. **Claretie** (Jules). Un Assassin. *Paris, Faure*, 1866, 1 vol. in-12, br.

Envoi autographe de l'auteur à George Sand.

172. **Clavel** (F.-T.-B.). Histoire pittoresque de la franc-maçonnerie et des sociétés secrètes anciennes et modernes, illustrée de 25 belles gravures sur acier. *Paris, Pagnerre*, 1843, 1 vol. gr. in-8, demi-rel. chag.

173. **Clavel** (D^r). Les Races humaines et leur part dans la civilisation. *Paris, Poulet-Malassis*, 1860, 1 vol. in-8, br.

Envoi et lettre autographes de l'auteur à George Sand.

174. **Cleuziou** (Henri du). La Création de l'homme et les premiers âges de l'humanité. *Paris, Marpon*, 1 vol. in-8, br.

175. **Cleuziou** (Henri du). L'Art national. *Paris, Pilon,* 1882, 2 vol. gr. in-8, rel. de l'éditeur.

176. **Colet** (Mme Louise). La Jeunesse de Mirabeau, portr. *Paris, Dumont,* 1841, 1 vol. in-8, demi-rel. toile.
    Envoi autographe de l'auteur.

177. **Colins.** Qu'est-ce que la science sociale. *Paris,* 1853, 4 vol. in-8, br.
    Envoi autographe de l'auteur à George Sand.

178. **Collection d'estampes** représentant les événements de la guerre pour la liberté de l'Amérique septentrionale. *A Paris, chez Godefroy graveur, et chez Poncc, graveur de Mgr le comte d'Artois,* 1 vol. in-4, cart. Bradel.

179. **Collin d'Harleville.** Théâtre et poésies fugitives. *A Paris, chez Duminil-Lesueur,* 1805, 4 vol. in-8, demi-rel. vélin.

180. **Colomb** (Mme). Le Violoneux de la Sapinière 1874. — La Fille de Carilès. 1875. — BLANDY. Le Petit Roi. — MICHEL MASSON. Les Enfants célèbres. 1863. — RATISBONNE. La Comédie enfantine. — HENRIETTE STOWE. La Case du père Tom. 1853. — Ensemble 6 vol. in-8.

181. **Commentaire** sur la Henriade, par feu M. DE LA BEAUMELLE, titre front. *Paris, Le Jay,* 1775, 2 vol. in-8, br.

182. **Condillac** (l'abbé de). Cours d'étude pour l'instruction du prince de Parme. *Parme, Imprimerie royale,* 1775, 16 vol. in-8, rel. pl. v. marbré.

183. **Consolation philosophique** (la) de BOÈCE. Traduction nouvelle en prose et en vers, avec le texte en regard et accompagné d'une introduction et de notes, par Louis Judicis de Mirandol. *Paris, Hachette,* 1861, 1 vol. in-8, br.
    Envoi autographe de l'auteur à George Sand.

184. **Constant** (Benjamin de). Collection complète des ouvrages publiés sur le gouvernement représentatif et la constitution actuelle de la France. 1818, 8 vol. — Eloges de Mme Geoffrin, par MM. Morellet, Thomas et d'Alembert. 1812. — DE PRADT. Du congrès de Vienne. 1815, 2 vol. — Histoire de l'ambassade dans le grand-duché de Varsovie en 1812. *Paris,* 1816. — Lettres de Mlle de Lespinasse. 1809, 2 vol. — Correspondance inédite de l'abbé Galliani avec Mme d'Epinay, le baron d'Holbach, etc. 1818, 2 vol. — Mémoires et correspondance littéraires, dramatiques et anecdotiques de C.-S. Favart. 1808, 3 vol. — Ensemble 19 vol. in-8, demi-rel. vélin.

185. **Conversations d'Émile** (les), fig. de Moreau. *Paris, Belin,* 1783, 2 vol. in-12, rel. pl. v., tr. peigne.

— 18 —

186. **Coppée** (François). Le Reliquaire, eau-forte de Léopold Flameng. *Paris, Lemerre*, 1866, 1 vol. in-12, **br.**
   Envoi autographe de l'auteur à George Sand.

187. **Coppée** (François). Olivier, poème. *Paris, Lemerre*, 1876, 1 vol. in-12, br.
   Envoi autographe de l'auteur à George Sand.

188. **Coquerel** (Charles). Histoire des églises du désert chez les protestants de France, depuis la fin du règne de Louis XIV jusqu'à la Révolution française. *Paris, Cherbuliez*, 1841, 2 vol. in-8, demi-rel. toile.

189. **Coran** (le), traduit de l'arabe, accompagné de notes, précédé d'un abrégé de la vie de Mahomet, tiré des écrivains les plus estimés, par M. Savary. *A Paris, chez Dufour*, 1821, 2 vol. in-8, demi-rel. chag.

190. **Corneille** (P.). Théâtre. *A Paris, chez Nion*, 1738, 6 vol. in-12, rel. pl. v.

191. **Corneille** (Pierre). Œuvres diverses. *A Paris, chez Gissey*, 1738, 1 vol. in-12, rel. pl. v.

191 bis. **Corneille** (T.). Poèmes dramatiques. *A Paris, chez Nion*, 1738, 5 vol. in-12, rel. pl. v.

192. **Corneille**. Théâtre. *Paris, Garnier*. — Théâtre de Michel Cervantès, traduit pour la première fois de l'espagnol en français, par Alphonse Royer, 1862. — Théâtre complet de Sophocle, traduit en vers par M. Victor Faguet. 1850, 2 vol. — Théâtre de Tirso de Molina, traduit pour la première fois de l'espagnol en français, par Alphonse Royer. 1863. — Théâtre complet de Térence, traduit en vers par le marquis de Belloy. 1862. — Ensemble 6 vol. in-12, br.

193. **Correspondance** inédite de Mme du Deffand avec d'Alembert, Montesquieu, etc. 1809, 2 vol. — Mme DE STAEL-HOLSTEIN. Lettres et pensées du maréchal prince de Ligne. 1809. — Mémoires de Frédérique-Sophie-Wilhelmine de Prusse, sœur de Frédéric le Grand. 1811, 2 vol. — Ensemble 5 vol. in-8, demi-rel. toile.

194. **Cortège historique** de la ville de Vienne à l'occasion des noces d'argent de Leurs Majestés François-Joseph Ier et Elisabeth. *Paris*, 1879, 1 vol. in-fol. en carton.

195. **Costumes des Armées**. 127 planches coloriées, dessinées par **Finart** et gravées par Duplessis-Berteaux, reliées en 1 vol. in-8.

196. **Cottin** (Mme). Malvina. *Paris, Michaud*, 1811, 3 tomes en 2 vol. — Delphine, par Mme DE STAEL-HOLSTEIN. *Paris, Maradan*, 1803, 6 vol. — Mathilde, par Mme COTTIN. *Paris, Michaud*, 1805, 6 tomes en 3 vol. — Amélie Mansfield. *Paris, Michaud*, 1811, 3 vol. —

Elisabeth ou les exilés de Sibérie. *Paris, Michaud*, 1806, 2 tomes en 1 vol. — Anne Radcliffe. Les Visions du château des Pyrénées. *Paris, Renard*, 1809, 4 vol. — Eugène de Rothelin. *Paris*, 1808, 2 vol. — Ensemble 21 vol. in-12, demi-rel. vélin.

197. **Courier** (Paul-Louis). Mémoires, correspondance et opuscules inédits. 1828, 2 vol. — Histoire de la conjuration de Louis-Philippe-Joseph d'Orléans, portr. 1796, 3 vol. — Déportation et naufrage de J.-J. Aymé, ex-législateur. — Hékel. Bases d'une constitution pour la nation française. An 3. — Collection complète de pamphlets politiques et opuscules littéraires, par P.-L. Courier, portr. 1827. — Œuvres complètes de Louis-Napoléon Bonaparte. 1848, tome I. — Napoléon apocryphe, par L. Geoffroy. 1841. — Edmund-Burke. Réflexions sur la Révolution de France et sur les procédés de certaines sociétés à Londres relatifs à cet événement. — Mémoire sur la captivité de Mme la duchesse de Berry, par M. de Chateaubriand. 1833. — Chateaubriand. Mémoires, lettres et pièces authentiques touchant la vie et la mort de S. A. R. Mgr le duc de Berry. 1820. — Ensemble 13 vol. in-8, dont 2 vol. br. et 11 vol. demi-rel.

198. **Coutumes du Berry**, avec les annotations de Gabriel, l'abbé de Montneron. 1607, 1 vol. p. in-4, cart.

Nombreuses piqûres de vers.

199. **Crétineau-Joly** (J.). Histoire des généraux et chefs vendéens. 1838. — Mémoires de Mme la marquise de La Rochejaquelein. 1815. — Vauban. Mémoires pour servir à l'histoire de la guerre en Vendée. 1806. — Ensemble 3 vol. in-8, demi-rel. toile.

200. **Custine** (marquis de). La Russie en 1839. *Paris, Amyot*, 1843, 4 vol. in-8, br.

Envoi autographe de l'auteur à George Sand.

201. **Dante**. La Divine Comédie, traduction de Lamennais. *Paris, Didier*, 1862, 2 vol. in-8, br.

202. **Darboy** (l'abbé). Les Saintes Femmes, avec collection de portraits des femmes remarquables de l'Église. *Paris, Garnier*, 1852, 1 vol. gr. in-8, br.

203. **Dargaud**. La Famille. *Paris, Perrotin*, 1853, 1 vol. in-8, demi-rel. chag.

Envoi autographe de l'auteur à George Sand.

204. **Dargaud** (J.-M.). La Vallée de Charmon. *Paris, Ledoyen*, 1856, 1 vol. in-12, demi-rel. toile.

Envoi et lettre autographes de l'auteur à George Sand.

205. **Dargaud**. Histoire de la liberté religieuse en France et de ses fondateurs. *Paris, Charpentier*, 1859, 4 vol. in-12, demi-rel. chag. pl. toile.

206. **Dargaud** (J.-M.). Histoire de Jane Grey. *Paris, Hachette*, 1863, 1 vol. in-8, demi-rel. chag.

<small>Envoi et lettre autographes de l'auteur à George Sand.</small>

207. **Dargaud** (J.-M.). Histoire d'Élisabeth d'Angleterre. *Paris, Librairie internationale,* 1866.

<small>Envoi et lettre autographes de l'auteur à George Sand.</small>

208. **Dargaud** (J.-M.). Histoire d'Olivier Cromwell. *Paris, Librairie internationale,* 1867, 1 vol. in-8, br.

209. **Daudet** (Alphonse). Fromont jeune et Risler aîné. 1876. — BENTZON. Une vie manquée. 1874. — WILKIE COLLINS. Le Secret. 1889. — Les Aventures d'Antar. — DE BREHAT. Aventures d'un petit Parisien. 1863. — FORGUES. Elsie Venner. — JULES VERNE. Un capitaine de quinze ans. — SAINTE-BEUVE. Volupté. 1869. — JULES MOINAUX. Les Tribunaux comiques. 1881. — Le roi Fialar. 1879. GABRIEL FERRY. Le Coureur des bois. 1874. — AMAURY-DUVAL. L'Atelier d'Ingres. 1878.

<small>Envois autographes des auteurs à George Sand sur plusieurs volumes.</small>

210. **Daudet** (Alphonse). Le Roman du Chaperon-Rouge. *Paris, Lévy*, 1862, 1 vol. in-12, br.

<small>Première édition avec envoi autographe de l'auteur à George Sand sur la couverture.</small>

211. **Daudet** (Alphonse). L'Immortel. 1888. — POE. Nouvelles histoires extraordinaires. 1865. — MAUNOIR. Les Nuits du Corso. 1864. — MARIE CONSCIENCE. Un million comptant. 1874. — GUY DE MAUPASSANT. Bel Ami. 1885. — RAOUL BRAVARD. Le Médecin de la mort. 1863. — MARESCHAL. Pierre et Marie. 1871. — MAX VALÉRY. Les Confidences d'une puritaine. 1865. — La marquise de Brienne. 1873. — OCTAVE LACROIX. Padre Antonio. — Ensemble 10 vol. in-12, br.

<small>Envois autographes des auteurs à George Sand sur plusieurs de ces volumes.</small>

212. **Daudet** (Alphonse). Jack. Mœurs contemporaines. *Paris, Dentu*, 1876, 2 vol. in-12, br.

<small>Envoi autographe de l'auteur à George Sand.</small>

213. **Daudet** (Alphonse). Souvenirs d'un homme de lettres. — ÉTIENNE ARAGO. Les Bleus et les blancs. 1863, 2 vol. — ANNA BERESFORD. La Pupille. — CARLETON. Romans hollandais. — CADOL. Rose. 1874. — Les Nouveaux Enchantements. 1873. — MARIO PROTH. Bonaparte. 1872. — BAIGNÈRES. Histoires anciennes; histoires modernes. — Poèmes dramatiques d'Alexandre Pouchkine. 1862. — BLANDY. Les Indiscrétions du prince Svanine. 1873. — Ensemble 13 vol. in-12, br.

<small>Envois autographes des auteurs à George Sand sur quelques-uns de ces volumes.</small>

214. **Daumier.** Caricatures. *Paris*, 1843-1845, 1 vol. pet. in-folio, demi-rel. v.

215. **Découverte de la maison** de campagne d'Horace, par l'abbé Capmartin de Chaupy. *Rome*, 1767, 3 vol. in-8, demi-rel.

216. **Delacroix.** Lettres d'Eugène Delacroix (1815 à 1863), recueillies et publiées par M. Philippe Burty, avec 1 portr. et fac-similé de lettres. *Paris*, 1878, 1 vol. in-8, br.

217. **Delacroix** (E.). Sa vie et ses œuvres. *Paris, Claye*, 1865, 1 vol. in-8, br.

  Envoi autographe de l'auteur à George Sand.

218. **Delacroix** (Eugène). Sa vie et ses œuvres. *Paris, Claye*, 1865, 1 vol. in-8, br.

  Envoi d'auteur.

219. **Delille** (Jacques). Le Départ d'Éden, poème, front. *Paris, Didot*, 1817. — La Conversation. *Paris, Michaud*, 1812. — Les Trois Règnes de la nature, fig. *Paris, Nicolle*, 1808. — L'Imagination, fig. *Paris, Giguet*, 1806, 2 vol. — L'Homme des champs, ou les Géorgiques françaises; front. 1800. — L'Enéide, trad. par DELILLE. *Paris, Michaud*, 1804, 2 vol. — Le Paradis perdu, trad. par DELILLE. *Paris, Michaud*, 1805, 2 vol. — L'Essai sur l'homme de Pope, trad. par DELILLE. front. *Paris, Michaud*, 1821. — La Religion, poème par RACINE fils. 1822. — Ensemble 14 vol. in-12, demi-rel. vélin.

220. **Derome** (L.). Le Luxe des livres. *Paris, Rouveyre*, 1879, 1 vol. in-8, br.

  L'un des 50 exemplaires imprimés en couleur sur papier Whatman.

221. **Derôme** (L.). Les Éditions originales des romantiques. *Paris, Rouveyre*, 2 vol. in-8, br.

  Exemplaire sur papier de Hollande.

222. **Déroulède** (Paul). Le premier grenadier de France : La Tour d'Auvergne, nombr. illustr. *Paris, Hurtrel*, 1886, 1 vol. in-12, br. avec emb.

223. **Desbordes-Valmore** (Mme). Œuvres poétiques. *Paris, A. Lemerre*, 1886, 3 vol. in-12, br.

224. **Desjardins** (G.). Recherches sur les drapeaux français, avec 42 pl. *Paris, Morel*, 1874, 1 vol. in-8, demi-rel. v.

225. **Desjardins** (A.). Jean Bologne, nombr. grav. dans le texte et hors texte. *Paris*, 1883, 1 vol. in-folio, cart.

226. **Dessins de décoration** des principaux maîtres; 40 planches réunies et reproduites sous la direction de M. Ed. Guichard, avec des notices par M. Ernest Chesneau. *Paris*, 1881, 1 vol. in-folio en carton.

227. **Dezobry** (Charles). Rome au siècle d'Auguste. *Paris*, 1835, 3 vol. in-8, demi-rel.

228. **Dictionnaire des Origines** de l'établissement des peuples, des religions, des modes, etc. *Paris*, 1777, 6 vol. in-12, demi-rel. v.

229. **Dictionnaire** universel, historique, critique et biographique, publié par Chaudron et Delandine, orné de 1200 portr. en médaillons. *Paris*, 1810-1812, 20 vol. in-8, cart.

230. **Diderot.** Encyclopédie, ou Dictionnaire raisonné des arts et des métiers. *Paris, Briasson*, 1751-1772, 17 vol. de texte et 11 vol. de pl. — Supplément. 1776-1777, 4 vol. de texte et 2 de pl. — Table. 2 vol. — Ensemble 36 vol. in-fol., rel. pl. v.

Un volume de pl. en double.

231. **Didier** (Charles). Rome souterraine. 2 vol. 1835. — Chavornay. 1838, 2 vol. — Une année en Espagne. 1837, 2 vol. — Le chevalier Robert. 1838. — Ensemble 8 vol. in-8, br.

Envoi autographe de l'auteur à George Sand sur un de ces ouvrages.

232. **Didron.** Histoire de Dieu. *Paris, Imprimerie Royale*, 1843, 1 vol. in-4, demi-rel. chag. avec coins.

233. **Discours** prononcé par S. A. I. le prince Napoléon, le 15 mai 1865, pour l'inauguration du monument élevé dans la ville d'Ajaccio à Napoléon Ier et à ses frères. *Paris, Dentu*, 1865. — Bouché. Les Druides. 1844. — J. Reynaud. Considérations sur l'esprit de la Gaule. 1847. — Gimet. Les Stuarts. 1603-1688. *Paris, Furne*, 1836. — Henri Martin. Vercingétorix. 1865. — La Gaule, trois siècles avant Jésus-Christ. — Éloge historique et funèbre de Louis XVI. 1796. — Mémoires du marquis d'Argens, chambellan de Frédéric le Grand. 1807. — Ensemble 8 vol. in-8.

Envois autographes de Jérôme Napoléon et H. Martin à George Sand et lettre autographe de H. Martin.

234. **Dollfus** (C.). Le Dix-Neuvième siècle. 1865. — Œuvres de Saint-Simon et d'Enfantin. 1865, tome I et tome IX. — C. Pellarin. Essai critique sur la philosophie positive. 1864. — Achille Leroux. La Vérité sur un procès où l'on examine des théories qui outragent la nature. 1845. — Les Deux Mondes. — E. Paultre. Capharnaüm, *Hetzel*, 1868. — G. d'Eichthal. Les trois grands peuples méditerranéens et le Christianisme. 1865. — Les Évangiles. 1863, 2 vol. — Étude sur la philosophie de la justice. Platon, 1863. — Ensemble 11 vol. in-8, br.

Envois autographes des auteurs à George Sand sur plusieurs volumes.

235. **Don Quichotte** de la Manche, traduit de l'espagnol, de Michel de Cervantès, par Florian, ouvrage posthume, fig. de Lefebvre. *Paris, de l'imprimerie de Didot l'aîné,* 1799, 3 vol. in-8, demi-rel. vélin.

236. **Dorvigny**. Théâtre et autres OEuvres. *A Paris, chez Gailleau*, 1781, 1 vol. in-8, rel. pl. maroq., dent.

237. **Doublet** (P.). Histoire de l'intelligence. *Paris, Hachette*, 1856. — E. NERVA. Introduction à la philosophie des sciences naturelles à la philosophie de l'histoire et à l'étude des littératures comparées. *Turin*, 1860. — Éléments de philosophie sociale, rédigés d'après les écrits de Pierre Leroux par ROBERT. 1843. — PHILIPPSON. Le Développement de l'idée religieuse dans le Judaïsme, le Christianisme et l'Islamisme, *Paris, Lévy*, 1856. — Exposé d'un système philosophique suivi d'une théorie des sentiments ou perception. *Paris, Moreau*, 1845. — J. DE MARCHEF-GIRARD. Les Femmes, leur passé, leur présent, leur avenir. 1860. — Ensemble 6 vol. in-8, br.
    Envois autographes des auteurs à George Sand sur quelques volumes.

238. **Droz** (Gustave). Monsieur, Madame et Bébé. *Paris, Hetzel*, 1866, 1 vol. in-12, br.
    Première édition avec envoi autographe de l'auteur à George Sand.

239. **Du Camp** (Maxime). Les Convictions. *Paris, Librairie nouvelle*, 1858, 1 vol. in-8, br.
    Envoi et lettre autographes de l'auteur à George Sand.

240. **Du Camp** (Maxime). En Hollande. Lettres à un ami, suivies des catalogues des Musées de Rotterdam, La Haye et Amsterdam. *Paris, Poulet-Malassis*, 1859, 1 vol. in-12, rel. toile.
    Envoi autographe de l'auteur à George Sand.

241. **Du Camp** (Maxime). Les Forces perdues. *Paris, Lévy*, 1867, 1 vol. in-12, br.
    Première édition avec envoi autographe de l'auteur à George Sand.

242. **Duckett** (W.-A.). La Turquie pittoresque, préface par Th. Gautier, illustrée de 20 grav. sur acier. *Paris, Lecou*, 1855, 1 vol. gr. in-8, demi-rel. bas.

243. **Dumas** (Alexandre). OEuvres. *Paris, Lévy*, 1860-1863, 96 vol. in-12, demi-rel. v. et 10 vol. br. — Ensemble 105 vol.

244. **Dumas** (Alexandre). La Princesse de Bagdad. *Paris, Lévy*, 1881, 1 vol. in-8, br.

245. **Dumas** (A.). La Bouillie de la comtesse Berthe. 1845. — Histoire d'un casse-noisette. 1845, 2 vol. — LA BÉDOLLIÈRE. Histoire de la Mère Michel et de son chat. — OURLIAC. Le Prince Coqueluche. 1846. — FEUILLET. Polichinelle, 1846. — STAHL. Nouvelles Aventures de Tom Pouce. 1845. — GOZLAN. Aventures merveilleuses et touchantes du prince Chenevis et de sa jeune sœur. 1846. — Ensemble 8 vol. in-8, br.

246. **Dumas fils** (Alexandre). Le Régent. Mustel. *Paris, Librairie nouvelle*, 1856, 1 vol. in-12, rel. pl. en maroq.
    Envoi d'auteur.

247. **Dumas fils** (Alexandre). OEuvres. *Paris, Librairie nouvelle*, 1856-1866, 12 vol. in-12, demi-rel. v. et 1 vol. br. — Ensemble 13 vol.

248. **Dumas** (Alexandre), Paul de Musset et Édouard Ourliac. Le Nouveau Magasin des enfants, avec 315 vignettes par Bertall, Gérard, Seguin, Eugène Lacoste. *Paris, Hetzel*, 1860, 1 vol. gr. in-8, demi-rel. bas.

249. **Dumas** (Alex.). Théâtre complet. *Paris, Lévy*, 1863-1864, 5 vol. — Alex. Dumas fils. Théâtre complet. *Paris, Lévy*, 1868-1870, 4 vol. — Ensemble 9 vol. in-12, br.

250. **Dumas fils** (Alexandre). Histoire du supplice d'une femme. Réponse à M. Émile de Girardin. *Paris, Lévy*, 1865, 1 vol. in-8, br.

251. **Dumas fils** (Alexandre). Affaire Clémenceau, mémoire de l'accusé. *Paris, Lévy*, 1866, 1 vol. in-8, br.
Première édition.

252. **Dumas fils** (Alexandre). Les Idées de Mme Aubray. *Paris, Lévy*, 1867, 2 vol. in-8, br.
Envoi autographe de l'auteur.

253. **Dumas fils** (A.). Une Visite de noces. *Paris, Lévy*, 1872, 1 plaq. in-12, br.
Envoi autographe de l'auteur à George Sand.

254. **Dumas fils** (A.). La Princesse Georges. *Paris, Lévy*, 1872, 1 vol. in-8, br.
Envoi autographe de l'auteur à George Sand.

255. **Dumas fils** (A.). La Femme de Claude, *Paris, Lévy*, 1873, 1 vol. in-8, br.
Envoi autographe de l'auteur à George Sand.

256. **Dumas fils** (Alexandre). La Dame aux Camélias, illustr. de Lynch. 1 vol. in-4, br.

257. **Dumesnil** (J.). Histoire des plus célèbres amateurs italiens et de leurs relations avec les artistes. *Paris, Renouard*, 1853, 1 vol. in-8, br.
Envoi autographe de l'auteur à George Sand.

258. **Dupont** (Pierre). Chants et chansons, ornés de grav. sur acier, tome I seulement 1852. — Dugué. Homo. 1872. — Les Matinées d'avril. 1869. — Edgar Monteil. Poésies. 1866. — OEuvres complètes de Jules Slowacki. 1870, tome I seulement. — Vernier. Aline. 1857. — E. Manuel. Pages intimes. 1866. — C. Jobey. La Chasse et la table. — Maria Cellini. Toute une vie. 1872. — Les Écolières. 1874. — Ensemble 10 vol. in-12, br.
Envois autographes des auteurs à George Sand sur plusieurs volumes.

259. **Duruy** (Victor). Histoire de France. 2 vol. — Histoire romaine. 1 vol. — Ens. 3 vol., br.

260. **Écho de la Sorbonne** (l'), Moniteur de l'enseignement secondaire des jeunes filles. *Paris*, 1869, 2 vol. in-4, cart. de l'éditeur.

261. **Épinay** (Mme d'). Mémoires et correspondance. *Paris, Brunet*, 1818, 3 vol. in-8, demi-rel. v.

262. **Erckmann-Chatrian**. Contes des bords du Rhin. — Maître Daniel Rock. 1861. — Contes de la montagne. 1860. — L'Ami Fritz. 1864. — Contes de la montagne. 1860. — Madame Thérèse. — Histoire d'un conscrit de 1813. — Waterloo. — Le Blocus. — Confidences d'un joueur de clarinette. 1863. — L'Invasion ou le fou Yégof. — Ensemble 12 vol. in-12, br.

263. **Esclave blanc** (l'). Ouvrage traduit de l'anglais. *Paris, Labitte*, 1846, 3 vol. in-8, br.
    Envoi autographe du traducteur à George Sand.

264. **Études** de philologie comparée sur l'argot et sur les idiomes analogues parlés en Europe et en Asie par Francisque Michel. *Paris, Firmin Didot*, 1856, 1 vol. in-8, br.

265. **Eyraud** (Achille). Voyage à Vénus. 1865. — Mme LOUISE AUDEBERT. Le Roman d'un libre penseur. 1870. — STAHL. Les Bonnes Fortunes parisiennes. Max Rigault. — DURANTIN. Un jésuite. Emma. 1852. — GENISSIEU. En prenant le thé. 1868. — GUSTAVE TOUDOUZE. Octave. 1873. — WATTEAU. Pauvres Gens. 1874. — Ensemble 8 vol. in-12, br.
    Envois autographes des auteurs à George Sand sur presque tous ces volumes.

266. **Fabre** (Ferdinand). Les Courbezon, scènes de la vie cléricale. *Paris, Hachette*, 1862, 1 vol. in-12, br.
    Envoi et lettre autographes de l'auteur à George Sand.

267. **Fastes napoléoniens** (les) de 1796 à 1806, front. cartes et tableau de la dynastie impériale en 1808. 1 vol. in-folio, rel. pl. v., dent.

268. **Fénelon**. Aventures de Télémaque. *A Paris, chez Lefèvre*, 1824, 2 vol. in-16, demi-rel. v., n. rognés.

269. **Fernand Colomb**. Sa Vie, ses Œuvres. Essai critique par l'auteur de la Bibliotheca americana vetustissima. *Paris, Tross*, 1872, 1 vol. gr. in-8, br.
    L'un des 200 exemplaires sur papier de Hollande; avec envoi autographe de l'auteur à George Sand.

270. **Fernando Colon** (D.). Historiador de su Padre, essayo critico por el autor de la Bibliotheca americana vetustissima. *Sevilla*, 1871, 1 vol. in-8, cart. Bradel.

271. **Ferrari** (J.). Histoire des révolutions d'Italie, ou Guelfes et Gibelins. *Paris, Didier*, 1858, 4 vol. in-8, br.

272. **Ferry** (Gabriel). Le Coureur des bois. 1874. — Les Enchantements de Prudence. 1872. — D'Aiguy. Mada. 1871. — Joltrois. Les Coups de pied de l'âne. 1862. — De Chambrier. Un peu partout. 1873. — Souvestre. Au Coin du feu. 1874. — Mme Clésinger-Sand. Jacques Bruneau. 1870. — Labonne. L'Islande. — Mabel Vaughan. 1877. — Tchernychewsky. Que faire? 1875. — Conscience. L'Oncle et la nièce. 1872. — L'Allumeur de réverbères. 1877. — Max Valrey. Les Victimes du mariage. 1863. — George Sand. Ma Sœur Jeanne. 1874. — Ensemble 14 vol. in-12, br.

Envois autographes des auteurs à George Sand sur 3 de ces volumes.

273. **Feuillet** (O.). La Petite Comtesse. 1859. — Michelet. L'Insecte. 1858. — La Femme. 1860. — Mme L. Figuier. Nouvelles languedociennes. 1860. — Caroline Berton. Le Bonheur impossible. 1856. — Goethe. Faust. 1840. — Wilhelm. Meister. 1843, 2 vol. — A. Weill. Histoires de village. 1853. — E. Plouvier. Contes pour les jours de pluie. 1853. — F. Rocquain. Lucy Vernon. 1862. — L. Godard. Domenica. 1862. — A. Hock. Croyances et remèdes populaires au pays de Liège. 1872. — Ensemble 13 vol. in-12, demi-rel.

Envois autographes des auteurs à George Sand sur plusieurs volumes.

274. **Feuillet** (Octave). Le Roman d'un jeune homme pauvre. 1859. — Grandet. Yolande. 1867. — Mme H. Meunier. Le Docteur au village. 1868. — G. Ferry. Le Coureur des bois. 1860, 2 vol. — Œuvres de Boufflers. 1852. — Goethe. Werther. 1839. — Saintine. Picciola. 1853. — Aubanel. La Grenade entr'ouverte. 1860. — H. Heine. Lutèce. 1855. — Poèmes et légendes. 1855. — L'Allemagne. 1855, 2 vol. — Ensemble 13 vol. rel.

Envois autographes des auteurs à George Sand sur 2 de ces volumes.

275. **Feuillet** (O.). Le Roman d'un jeune homme pauvre. 1859. — E. de Girardin. La Fille du millionnaire. 1858. — E. Augier. Les Effrontés. 1861. — Alexandre Dumas fils. La Question d'argent. 1857. — Le Fils naturel. 1858. — E. Augier. Le Mariage d'Olympe. 1855. — O. Feuillet. Montjoye. 1864. — Jules Lacroix. Macbeth. 1863. — A. Manceau. Une journée à Dresde. 1864. — L. Bouilhet. Hélène Peyron. 1858. — D. Laverdant. Grégoire VII, ou le pape et l'empereur au moyen âge. 1860. — Legouvé. Médée. 1856. — Ensemble 12 vol. in-12, br.

Envoi autographe de l'auteur à George Sand sur un de ces volumes.

276. **Feuillet** (Octave). Monsieur de Camors, ouvr. illustré de 11 compositions par S. Rejchan, gravées par Mme Louveau-Rouveyre, MM. Daumont et Duvivier. *Paris*, 1885, 1 vol. in-8, br.

277. **Feuillet** (O.). Scènes et proverbes. 1859. — C. Edmond. Souvenirs d'un dépaysé. 1862. — Bonaventure des Periers. Contes ou Nouvelles récréations et joyeux devis. 1843. — Dickens. Le Cricri du foyer. 1847. — Auerbach. Scènes villageoises de la Forêt-Noire. 1854. — Foe. Histoires extraordinaires. 1856. — Le Sage.

Histoire de Gil Blas. 1843. — A. Arnould. Contes humoristiques.
1857. —Vigny. Servitude et grandeur militaires. 1841.—L. Enault.
Christine. 1858. — Méry. Contes et Nouvelles. 1860. — Œuvres de
Rabelais, tome 1 seulement. *Bruxelles*, 1659. — Ensemble 12 vol.
in-12, rel.
   Envois autographes des auteurs à George Sand.

278. **Feydeau** (Ernest). Alger, étude. *Paris, Lévy*, 1862, 1 vol. in-12,
demi-rel. toile.
   Envoi autographe de l'auteur à George Sand.

279. **Feydeau** (Ernest). Monsieur de Saint-Bertrand. *Paris, Lévy*,
1863, 1 vol. in-12, br.

280. **Feydeau** (Ernest). Un Début à l'Opéra. *Paris, Lévy*, 1863, 1 vol.
in-12, br.
   Envoi autographe de l'auteur à George Sand.

281. **Feydeau** (Ernest). Les Quatre Saisons, esquisses d'après nature.
Paris, Amyot, 1 vol. in-12, demi-rel. toile.
   Envoi autographe de l'auteur à George Sand.

282. **Feydeau** (Ernest). La Comtesse de Chalis, ou les Mœurs du jour.
Paris, Lévy, 1868, 1 vol. in-12, br.
   Envoi autographe de l'auteur à George Sand.

283. **Feydeau** (Ernest). Fanny, étude. *Paris, Amyot*, 1 vol. in-12,
demi-rel. toile.
   Envoi autographe de l'auteur à George Sand.

284. **Feydeau** (Ernest). Consolation. *Paris, Amyot*, 1872, 1 vol. in-12, br.
   Envoi autographe de l'auteur à George Sand.

285. **Fievée** (J.). Histoire des sessions de 1816 et 1817. *Le Normant*, 1817-
1818, 2 vol. — Ch. Comte. Histoire de la garde nationale de Paris.
1827. — Camille Desmoulins. Le Vieux Cordelier, journal politique.
1825. Histoire complète du procès relatif à l'assassinat du sieur
Fualdès, portraits. 1817. — Clausel de Coussergues. Projet de la
proposition d'accusation contre M. le duc Decazes. 1820. — Ensemble 6 vol. in-8.

286. **Flammarion** (C.). Histoire du Ciel; gravures. *Paris, Hetzel*, 1872.
— La Chine racontée par lady Oliphant, traduct. par Guizot; illustr.
Paris, Lévy, 1875. — E. Desbeaux. Le Jardin de Mlle Jeanne, botani-
que du vieux jardinier, gravures. *Paris, Ducrocq*, 1880. — Smee. Mon
Jardin, nombr. grav. sur bois. *Paris, Germer Baillière,* 1876. — The
Keepsake, edited by miss Power for 1855, grav. — Ensemble 5 vol.
in-8, cart. des éditeurs.

287. **Flaubert** (Gustave). L'Éducation sentimentale; histoire d'un
jeune homme. *Paris, Lévy*, 1870, 2 vol. in-8, br.
   Envoi d'auteur à Mme George Sand.

288. **Flaubert** (Gustave). Le Candidat. *Paris, Charpentier*, 1874, 1 vol. in-16, br.

Envoi autographe de l'auteur à George Sand.

289. **Fleury** (l'abbé). Histoire ecclésiastique, augmentée de 4 livres comprenant l'histoire du xve siècle. *Paris, Didier*, 1840, 6 vol. in-8, demi-rel. chag.

290. **Fleury** (Hector). Les Échos, fantaisies et souvenirs. *Lyon, Perrin*, 1861, 1 vol. in-8, br.

Envoi et sonnet manuscrit autographe de l'auteur dédié à George Sand; quatrain manuscrit autographe d'Alexandre Dumas fils :

> Voilà ce que, sur ma parole,
> Je pense de ton livre obscur :
> La poésie en est trop molle
> Et le papier en est trop dur.

291. **Florian** (de). Gonzalve de Cordoue, ou Grenade reconquise. *A Paris, de l'imprimerie de Didot l'aîné*, 1791, 2 vol. in-8, demi-rel. vélin.

292. **Foë** (Daniel de). Aventures de Robinson Crusoé, traduites par Mme A. Tastu, suivies d'une notice sur Foë par Louis Reybaud et ornées de 52 grav. sur acier d'après les dessins de M. de Samson. *Paris, Moutardier*, 2 vol. in-8, cart.

293. **Fond du sac** (le), recueil de contes en vers. *Rouen, Lemonnyer*, 1879, 2 vol. in-16, br.

294. **Fontanes** (de). Traduction de l'essai sur l'homme en vers français. 1821. — Fables de PHÈDRE, trad. en français avec le texte en regard par Boyer. Nioche, 1843. — Ballades et chansons populaires de l'Allemagne, traduites par ALBIN. 1841. — Poésies inédites de Mme DESBORDES-VALMORE. 1860. — Vie, poésies et pensées de JOSEPH DELORME, 1830. — Messéniennes et poésies diverses de C. DELAVIGNE. 1835. — Ensemble 6 vol. in-8 reliés.

295. **Foscari**, ou le Patricien de Venise. *Paris, Ridan*, 1826, 4 vol. in-16, demi-rel. vélin.

296. **Français peints par eux-mêmes** (les). Texte par de BALZAC, FRÉDÉRIC SOULIÉ, CHARLES NODIER, LA BÉDOLLIÈRE, etc.; illustrations de Tony Johannot, Henri Monnier, Gavarni, Granville, etc. *Paris, Furne*, 1853, 1 vol. gr. in-8, demi-rel. chag., plats toile, tr. dor.

297. **France** (Anatole). Les Poëmes dorés. *Paris, Lemerre*, 1873, 1 vol. in-12, br.

Envoi autographe de l'auteur à George Sand.

298. **Franklin** (Benjamin). Mémoires sur sa vie, écrits par lui-même, portr. 1828. — G. JOURDAN. De la Justice criminelle en France. — MORIN. Principes de la loi civile. — E. NOEL. Voltaire et Rousseau. — CRUVEILHIER. Éléments d'hygiène générale. De l'instruction en France. —

CRISTAL. Les Délassements du travail.—PELLETAN. Décadence de la monarchie française.—OTT. L'Inde et la Chine.—BUCHEZ. Histoire de la formation de la nationalité française.—CORBON. De l'enseignement professionnel.— L. COMBES. La Grèce. *Paris, Dubuisson,* 11 vol.—Ensemble 13 vol. in-16, demi-rel.

299. **Fritsch** (Eugène). Lettres et poëmes. *Paris, Librairie des bibliophiles,* 1874, 1 vol. in-8, br.

300. **Fromentin** (Eugène). Dominique. *Paris, Hachette,* 1863, 1 vol. in-8, demi-rel.

Envoi d'auteur.

301. **Fromentin** (Eugène). Dominique. *Paris, Hachette,* 1863, 1 vol. in-8, demi-rel.

Avec envoi d'auteur à Mme George Sand.

302. **Fromentin** (Eugène). Un Été dans le Sahara. *Paris, Lévy,* 1857, 1 vol. in-12, demi-rel. chag.

Lettre autographe de l'auteur adressée à George Sand.

303. **Gaboriau.** Le Dossier n° 113. 1878. — Mme BLANCHECOTTE. Impressions d'une femme. — TOUDOUZE. La Sirène. 1875. — AUGUEZ. Miroir des cœurs. 1855. — PRIMEVEYRE. Les Naufragés de la civilisation. 1872, 2 vol. — REVILLIOD. Les Veillées du chalet. — Le Roman d'un séminariste. 1869. — Mémoires de Barbe-Bleue. — Les Vaillants Cœurs. — BRAVARD. Ces Savoyards. 1862. — FABRE. André le graveur. 1875. — Le Nez d'un mendiant. — Lettres politiques de Charles Vogt. 1871. — Mémoires d'un vicaire de campagne. 1845. — DUVERNET. La Canne de Mme Desrieux. — Ensemble 16 vol. in-12, br.

Envois autographes des auteurs à George Sand sur plusieurs de ces volumes.

304. **Galerie des femmes de Shakespeare.** Collection de 45 portr. gravés par les premiers artistes de Londres. *Paris, Delloye,* 1 vol. in-8, demi-rel.

305. **Galerie** lithographiée de S. A. R. Mgr le duc d'Orléans, publiée par MM. Vatout et Quénot. 2 vol. in-folio, demi-rel. chag.

306. **Galerie Royale** de costumes. 205 costumes coloriés, in-folio, demi-rel. *Paris, Aubert.*

307. **Gaucher.** Histoire romaine de Tite-Live. *Paris, Hachette,* 1872, 4 vol. in-12, br.

308. **Gauttier d'Arc** (E.). Histoire des conquêtes des Normands en Italie, en Sicile et en Grèce, accompagnée d'un Atlas. *Paris, de Bure,* 1830, 1 vol. in-8, cart. et 1 vol. d'atlas.

309. **Gautier** (Théophile). Émaux et Camées. *Paris, Didier,* 1852, 1 vol. in-16, br.

310. **Gautier** (Théophile). Militona. 1855. — Le Roman de la momie. 1858. — FEYDEAU. Daniel. 1859, 2 vol. — NADAR. Quand j'étais étudiant. 1856. — GRIMARD. L'Eternel féminin. 1862. — HABENECK. Nouvelles espagnoles. 1860. — Lord Ruthwen ou les Vampires. 1820. — Contes Kosaks de Czarykowski. 1857. — Jean Sbogar. 1818. — DELTUF. Adrienne. 1861. — G. FERRY. Costal l'Indien. 1862. — ARIOSTE. Roland furieux. 1842. — Ensemble 13 vol. reliés.

Envois autographes des auteurs à George Sand sur presque tous les volumes.

311. **Gautier** (Théophile). Histoire de l'art dramatique en France depuis vingt-cinq ans. *Paris, Hetzel*, 1858-1859, 6 vol. in-12, rel. toile.

312. **Gautier** (Théophile). Spirite, nouvelle fantastique. *Paris, Charpentier*, 1866, 1 vol. in-12, br.

Première édition.

313. **Gautier** (Judith). La Sœur du Soleil. *Paris, Dentu*, 1887, 1 vol. in-12, br.

Envoi autographe de l'auteur à George Sand.

314. **Gavarni.** Le *Diable à Paris*, Paris et les Parisiens. Texte par George Sand, Léon Gozlan, Frédéric Soulié, Charles Nodier, etc.; illustration de Gavarni. *Paris, Hetzel*, 1845-1846, 2 vol. grand in-8, cart. de l'éditeur.

315. **Gavarni.** Œuvres choisies. Fourberies de femmes en matière de sentiment. Clichy. — Paris le soir. — La Vie du jeune homme. — Les Débardeurs. — Les Enfants terribles. — Les Lorettes. Traduction en langue vulgaire. — Les Actrices. 1846 à 1848. — Ens. 3 vol. grand in-8, cart. de l'éditeur.

316. **Gazette des Beaux-Arts**, courrier européen de l'art et de la curiosité. 10 livraisons in-8, des années 1878-79 et 80.

317. **Glaeser** (Ernest). Biographie nationale des Contemporains, rédigée par une société de gens de lettres. *Paris, Glaeser*, 1878, 1 vol. in-8, demi-rel.

318. **Gœthe.** Œuvres dramatiques, traduites de l'allemand, précédées d'une notice biographique et littéraire sur Gœthe, portr. *Paris, Sautelet*, 1825, 4 vol. in-8, demi-rel. toile.

319. **Gœthe.** Werther. Traduction par Leroux, notice par George Sand et 10 eaux-fortes par Tony Johannot. *Paris, Hetzel*, 1845, 1 vol. in-8, cart. de l'éd.

320. **Gœthe.** Poëmes et Romans. 1860. — Poésies diverses, pensées. Divan oriental-occidental, 1861, 4 vol. — Les Années d'apprentissage de Wilhelm de MEISTER. 1860. — Voyages en Suisse et en Italie. 1862. — Mémoires de GŒTHE, 1862. — Les Années de voyages de Wilhelm de MEISTER. *Paris, Hachette*. — Ens. 9 vol. in-8, demi-rel.

321. **Gœthe.** Ses Mémoires et sa vie, traduits et annotés par Henri Richelot. *Paris, Hetzel,* 1863, 4 vol. in-8, br.

322. **Gœthe.** Ses mémoires et sa vie, traduits et annotés par Henri Richelot. *Paris, Hetzel,* 1863, 2 vol. in-8, br.

323. **Goldsmith.** Le Vicaire de Wakefield, traduction nouvelle par Charles Nodier, avec une notice par le même sur la vie et les œuvres de Goldsmith, vignettes par Tony Johannot. *Paris, Hetzel,* 1844, 1 vol. gr. in-8, rel. pl. chag.

324. **Goncourt** (E. et J. de). Germinie Lacerteux, illustrée de 10 compositions par Jeanniot, gravées à l'eau-forte par Muller. *Paris,* 1886, 1 vol. in-8, br.

325. **Goncourt** (Ed. et J. de). Histoire de la Révolution française. *Paris, Dentu,* 1854, 1 vol. in-8, demi-rel. toile.
    Envoi autographe des auteurs à George Sand.

326. **Goncourt** (Edm. et J. de). Les Maîtresses de Louis XV. *Paris, Firmin Didot,* 1860, 2 tomes en 1 vol. in-8, demi-rel. toile.
    Envoi autographe des auteurs à George Sand.

327. **Goncourt** (Edmond et J. de). Les Hommes de lettres. *Paris, Dentu,* 1860, 1 vol. in-12, demi-rel. toile.
    Envoi autographe des auteurs à George Sand.

328. **Goncourt** (E. et J. de). Sœur Philomène. *Paris. Librairie nouvelle,* 1861 1 vol. in-12, demi-rel. toile.
    Envoi autographe des auteurs à George Sand.

329. **Goncourt** (Ed. et J. de). La Femme au xviiie siècle. *Paris, Didot,* 1862, 1 vol. in-8, demi-rel. toile.
    Envoi autographe des auteurs à George Sand.

330. **Goncourt** (Edmond et Jules de). Renée Maupérin. *Paris, Charpentier,* 1864, 1 vol. in-12, br.
    Première édition avec envoi autographe des auteurs à George Sand.

331. **Goncourt** (Edm. et J. de). Germinie Lacerteux. *Paris, Charpentier,* 1865, 1 vol. in-12, br.
    Première édition avec envoi autographe des auteurs à George Sand.

332. **Goncourt** (Edmond et Jules de). Idées et sensations. *Paris, Librairie internationale,* 1866, 1 vol. in-8, br.
    Envoi autographe des auteurs à George Sand sur le faux-titre.

333. **Goncourt** (Edm. et J. de). Henriette Maréchal, drame, précédé d'une histoire de la pièce. *Paris, Librairie internationale,* 1866, 1 vol. in-8, br.
    Envoi autographe des auteurs à George Sand.

334. **Goncourt** (Edmond et Jules de). Manette Salomon. *Paris, Librairie internationale*, 1867, 2 vol. in-12, br.

Première édition avec envoi autographe des auteurs à George Sand.

335. **Goncourt** (Edmond et Jules de). Madame Gervaisais. *Paris, Librairie internationale*, 1869, 1 vol. in-8, br.

Envoi autographe des auteurs à George Sand sur le faux-titre.

336. **Goncourt** (Edm. et J. de). Gavarni, l'homme et l'œuvre, ouvrage enrichi du portr. de Gavarni, gravé à l'eau-forte par Flameng d'après un dessin de l'artiste et d'un fac-similé d'autographe. *Paris, Plon*, 1873, 1 vol. in-8, br.

Envoi autographe de Ed. de Goncourt à George Sand.

337. **Goncourt** (Ed. et J. de). En 18... 1851. — ALFRED DE VIGNY. Cinq-Mars. 1842. — MICHELET. La Sorcière. — PALLU (Léopold). Les Gens de mer. 1860. — Histoire du grand marais maudit. 1857. — WILKIE COLLINS. La Femme en blanc. 1862, 2 vol. — AURÉLIEN SCHOLL. Histoire d'un premier amour. 1860. — JULIETTE LAMBER. Mon Village. — Mme DE GIRARDIN. Marguerite. 1853. — CAMBRAY. Le Moulin. 1857. — LOUIS ENAULT. Alba. 1860. — Ensemble 12 volumes in-12, rel.

Envois autographes des auteurs à George Sand sur quelques volumes.

338. **Goncourt** (E. et J. de). L'Art du XVIIIe siècle, ouvr. illustré de 70 pl. hors texte. *Paris*, 1883, 2 vol. in-4, br.

339. **Goncourt** (Ed. et J. de). Histoire de la société française pendant la Révolution; nombr. illustr. *Paris*, 1889, 1 vol. in-4, br.

340. **Goncourt** (Ed. et J. de). La Patrie en danger. *Paris, Dentu*, 1 vol. in-8, br.

Envois autographes des auteurs à George Sand.

341. **Gonse** (L.). L'Art japonais, nombr. illustr. dans le texte et hors texte. 2 vol. in-folio, reliés en soie japonaise.

342. **Gonse**. Fromentin. *Paris, Quantin*, 1881, 1 vol. gr. in-8, br.

343. **Grandet** (L.). Jeannette. 1872. — DU PONTAVICE DE HEUSSEY. Sillons et débris. 1860. — Mme BLANCHECOTTE. Nouvelles Poésies. 1861. — R. LAFAGETTE. Mélodies païennes. 1873. — F. DUGUÉ. Les Éclats d'obus. 1871. — BARRILLOT. Les Vierges. 1857. — LARIVIÈRE. Eglantines et chrysanthèmes. 1866. — Le Paradis perdu de MILTON. 1857. — Chefs-d'œuvre du théâtre espagnol. — E. DES ESSARTS. Les Élévations. 1874. — Mme BARUTEL. Fleurs d'été. 1872. — Ensemble 13 vol. in-12, br.

Envois autographes des auteurs à George Sand sur tous ces volumes.

344. **Grandville**. Un autre Monde. *Paris, Fournier*, 1844, 1 vol. pet. in-4, demi-rel.

345. **Grandville** (Nicolas). Grandville dans les étoiles. 1852.— Claire Brunne. — Les Trois Époques. 1850. — Le Foyer de l'Opéra. 1842. —Angélique Lagier. 2 vol. — De Lovenjoul. Histoire des œuvres de Balzac. 1879. — Pochet-Dassin. Païda. 1841. — Célestine Reverchon. Le Comte Frédéric. 1844, etc. — Ensemble 12 vol. in-8, br.
Envoi autographe de l'auteur à Maurice Sand sur un de ces volumes.

346. **Gravures** tirées de l'Artiste, eaux-fortes, etc., au nombre de 282.

347. **Grégoire.** Histoire des sectes religieuses. *Paris, Potey*, 1810, 2 vol. in-8, rel. pl. v.

348. **Grenier** (Édouard). Petits Poèmes. *Paris, Charpentier*, 1859, 1 vol. in-12, br.
Envoi autographe de l'auteur à George Sand.

349. **Grenier** (Édouard). Amicis. *Paris, Lemerre*, 1868, 1 vol. in-12, br.
Envoi autographe de l'auteur à George Sand.

350. **Grenier** (Édouard). Marcel. *Paris, Sandoz*, 1875, 1 vol. in-12, br.
Envoi autographe de l'auteur à George Sand.

351. **Grenier** (Édouard). Poèmes dramatiques. *Paris, Hetzel*, 1 vol. in-12, br.
Envoi autographe de l'auteur à George Sand.

352. **Gréville** (Henry). Nikanor. *Paris, Plon*, 1 vol. in-12, br.
Envoi autographe de l'auteur.

353. **Gebelin** (Jacques). Histoire des milices provinciales. Le tirage au sort sous l'ancien régime. *Paris, Hachette*, 1882, 1 vol. in-8, br.

354. **Génin** (F.). Des Variations du langage français depuis le XIIe siècle. *Paris, Firmin Didot*, 1845, 1 vol. in-8, demi-rel. toile.

355. **Genlis** (Mme de). Annales de la vertu. *Paris*, 1781, 2 vol. — Les Vœux téméraires. *Paris, Maradan*, 1802, 2 vol. — Théâtre à l'usage des jeunes personnes. *Paris, Lambert*, 1785, tomes I, VI et VII, 3 vol. — Les Veillées du château. *Paris, Lambert*, 1784, 3 vol. — Alphonse, ou le Fils naturel. *Paris, Maradan*, 1809, 1 vol. — Ensemble 11 vol. in-8, br.

356. **Genlis** (Mme de). Alphonsine, ou la Tendresse maternelle. 1806, 3 vol. — Souvenirs de Félicie L. 1804. — Suite des Souvenirs de Félicie L. 1807. — Les Mères rivales, ou la Calomnie. *An IX*. — Bélisaire. 1808. — Les Battuécas. 1816, 2 vol. — Jeanne de France. 1816, 2 vol. — Mlle de La Fayette. 1813. — Marmontel. Contes moraux, portr. et fig. 1775. 4 vol. — Œuvres littéraires de François Rivarol, fig. 1799, 3 vol. (manque le tome I). — Précis de la conduite de Mme de Genlis depuis la Révolution. — Ensemble 24 vol. in-12, br.

357. **Genlis** (Mᵐᵉ la comtesse de). Histoire de Henri le Grand. *Paris, Maradan*, 1815, 2 vol. in-8, rel. pl. v., dent., tr. peigne.

358. **Girardin** (Émile de). Émile. 1827-1839-1854. — Les 52. 1849. — La Politique universelle. 1855. — Michel. Choix de poésies orientales. 1830. — Stauben. Scènes de la vie juive. 1860. — Erckmann-Chatrian. L'illustre docteur Mathéus. — Lambert Sauveur. Fables de La Fontaine. — De la Rounat. La Comédie de l'amour. 1857. — Scarron. Le Roman comique. 1842. — E. de Girardin. La Liberté. 1857. — L. Sauveur. Causeries avec mes élèves. — Guyot. Bréviaire de l'amour expérimental. 1882. — Ensemble 12 vol. in-12, reliés.

Envois autographes des auteurs à George Sand sur 2 de ces volumes.

359. **Girardin** (Émile de). Bon Sens, bonne foi. *Paris, Lévy*, 1848. — Le Droit. *Paris, Librairie nouvelle*, 1854, 2 ouvr. en 1 vol. in-12, demi-rel. chag.

On lit sur le faux-titre du premier ouvrage, de l'écriture de George Sand : « Donné par Émile de Girardin à G. Sand. Les tirets au crayon sont de lui, 1854 » et la signature autographe de G. Sand.

360. **Girardin** (E. de). Paix et Liberté. 1864. — Le chevalier Boncompagni. Le Devoir temporel du pape. 1864. — Écrivains et poètes modernes de la Pologne. — P. Albert. La Poésie. 1868. — La Prose. 1869. — A. Foresi. Tour de Babel, ou Objets d'art faux pris pour vrais. 1868. — A. Lévy. La Cour de Rome, le brigandage et la convention franco-italienne. 1865. — Ensemble 7 vol. in-8, br.

Envois autographes des auteurs à George Sand sur 2 de ces volumes.

361. **Giraud** (J.-B.). Les Arts du métal, recueil descriptif et raisonné des principaux objets ayant figuré à l'exposition de 1880 de l'Union centrale des Beaux-Arts, avec 50 pl. hors texte. *Paris*, 1881, 1 vol. in-fol. en cart.

362. **Guépin**. Philosophie du xixᵉ siècle. 1854. — E. Meunier. La Liberté pour le chien. 1863. — Poésies par Lefranc de Pompignan. 1856. — Mˡˡᵉ G. de Poligny. Fleurs des buissons, poésies. 1856. — F. Herrenschneider. La Religion et la Politique. 1867. — A. Front de Fontpertuis. Études sur les enfants assistés. 1860. — L. Richer. Lettres d'un libre-penseur à un curé de village, par L. Richer. 1868. — Gruau de la Barre. — Salomon le Sage, fils de David. 1841. — La Décadence de l'Europe. 1867. — Ensemble 9 vol. in-12, br.

Envois autographes des auteurs à George Sand sur plusieurs volumes.

363. **Guide fidèle** de la vraie gloire, figures. *Paris, chez Pierre Landry*, 1688, 1 vol. in-12, rel. pl. en mar.

364. **Guiffrey** (Jules). Histoire de la tapisserie depuis le moyen âge jusqu'à nos jours, illustr. en couleurs et nombr. grav. *Tours, Mame*, 1886, 1 vol. gr. in-8, cart. de l'éditeur, tr. dor.

365. **Guiffrey** (J.-J.). Van-Dyck, nombr. grav. dans le texte et hors texte. 1 vol. in-fol., cart.

366. **Guizot.** Dictionnaire universel des synonymes de la langue française. *Paris, Didier*, 1863, 1 vol. in-8, br.

367. **Halévy** (Ludovic). Madame et Monsieur Cardinal, avec 12 vignettes, par Edmond Morin. *Paris, Lévy*, 1873, 1 vol. in-12, br.

Envoi autographe de l'auteur à George Sand.

368. **Halévy** (Ludovic). La Famille Cardinal. *Paris, Lévy*, 1883, 1 vol. in-12, br.

Avec la suite de gravures éditée par Conquet.

369. **Haller** (Gustave). Le Bleuet, préface de George Sand. *Paris, Lévy*, 1875, 1 vol. in-8, br.

Envoi autographe de l'auteur à George Sand, sur le faux-titre.

370. **Hamilton** (Antoine). Mémoires du comte de Grammont, préface et notes par Benjamin Pifteau, front. et eaux-fortes par J. Chauvet. *Paris, Bonnassies*, 1876, 1 vol. in-8, br.

L'un des 30 exempl. sur papier Whatman.

371. **Havard** (H.). La Flandre à vol d'oiseau, illustr. par Maxime Lalanne. *Paris, Decaux*, 1883, 1 vol. in-4, br.

L'un des 100 exemplaires sur papier de Hollande.

372. **Havard** (H.). L'Art à travers les mœurs, illustr. par Goutzwiller. *Paris, Decaux*, 1882, 1 vol. in-4, br.

L'un des 100 exemplaires sur papier de Hollande.

373. **Hédou** (Jules). Jean Le Prince et son œuvre, suivi de nombreux documents inédits, portr. à l'eau-forte par A. Gilbert. *Paris, Rapilly*, 1879, 1 vol. in-8, br.

L'un des 300 exemplaires sur papier de Hollande.

374. **Heine** (Henri). Reisebilder. *Paris, Renduel*, 1834, 2 tomes en 1 vol. in-8, demi-rel. toile.

Envoi autographe de l'auteur à George Sand.

375. **Heptaméron** (l') des nouvelles de très haute et très illustre princesse Marguerite d'Angoulême reine de Navarre, publié sur les manuscrits par les soins et avec les notes de MM. Le Roux de Lincy et Anatole de Montaiglon. *Paris, Eudes*, 1880, 4 tomes en 8 vol. in-8, br.

L'un des 30 exemplaires sur papier Whatman avec les gravures en 3 états.

376. **Heptaméron** (l') des nouvelles de très haute et très illustre princesse Marguerite d'Angoulême reine de Navarre, publié par les soins et avec les notes de MM. Le Roux de Lincy et Anatole de Montaiglon, grav. *Paris, Eudes*, 1880, 4 vol. in-8, br.

377. **Heptaméron** (l'), ov Histoires des amans fortvnez des novvelles de tres illustre et tres excellente princesse, Marguerite de Valois, roine de Navarre. *A Lyon, povr Loys Cloqvemain*, 1581, 1 vol. in-16, rel. pl. vélin.

378. **Herculanum et Pompéi**. Recueil général des peintures, bronzes, mosaïques, etc., avec figures gr. au trait. *Paris, Didot*, 1840, 8 vol. p. in-4, cart.

379. **Hésiode**. Hymnes et Orphiques. Théocrite. Bion. Moskhos. Tyrtée. Odes anacréontiques, traduction nouvelle par Leconte de Lisle. *Paris, Lemerre*, 1869.

Envoi de Leconte de Lisle à Mme George Sand.

380. **Histoire anecdotique** du théâtre italien depuis son rétablissement en France jusqu'à l'année 1769 suivie de l'histoire du théâtre de l'Opéra-Comique. *A Paris, chez Lacombe*, 1769, 9 vol. in-12, rel. pl. v.

381. **Histoire de Berry**, par G. T. de la Thaumassière. *Bourges*, 1689, 1 vol. pet. in-folio, rel. pl. en v.

382. **Histoire de Berry**, par G. Thaumas de la Thaumassière. *Bourges*, 1865, 2 vol. en 1 in-8, cart.

383. **Histoire d'Hérodote**, traduite du grec, avec remarques historiques et critiques. *Paris, Debure*, 1802, 9 vol. in-4, br.

384. **Histoire** de la Guerre de Flandre, écrite en latin par Famianus Strada, trad. en français par F. Du Rier. *Paris*, 1665, 4 vol. in-12, rel. v.

385. **Histoire de Jules César**. *Paris, Imprimerie Impériale*, 1865-1866, 2 vol. in-4, br.

Envoi autographe de Napoléon III à George Sand.

386. **Histoire** de l'ancien théâtre italien depuis son origine en France jusqu'à sa suppression en l'année 1697. *A Paris, chez Lambert*, 1753, 1 vol. in-12, rel. pl. v.

387. **Histoire d'Olivier Cromwell**, par Raguenet. *Elzévier*, 1691, 2 vol. rel. pl. en v.

388. **Histoire** du Vieux et du Nouveau Testament enrichie de plus de 400 fig. en taille-douce. *Amsterdam, Pierre Mortier*, 1700, 2 vol. in-fol., rel. pl. v.

389. **Histoire littéraire** de saint Bernard, abbé de Clairvaux, et de Pierre le Vénérable, abbé de Cluni. *A Paris, chez la Vve Desaint*, 1773, 1 vol. in-4, rel. pl. v.

390. **Hoffmann**. Contes fantastiques. 1830, 3 vol. — Contes et fantaisies. 1834, 2 vol. — Pagès. Amadis de Gaule. 1868. — De Saint-Germain. Pour une épingle. 1856. — Jean Daniel. 1865. —

Mémoires de l'Académie de Bellesme. 1874. — STAHL. Bêtes et gens. 1854. — Ensemble 10 vol. in-16, br.

<small>Envoi autographe de l'auteur à George Sand sur 1 de ces volumes.</small>

391. **Hoffmann** (E.-T.-A.). Œuvres, traduites de l'allemand par M. Loëve-Veimars; suivies de la vie d'Hoffmann d'après les documents originaux; portr. *Paris, Renduel,* 1832-1833, 20 vol. — Contes posthumes d'Hoffmann, traduits par Champfleury, fac-similé d'un portr. d'Hoffmann, dessiné par lui-même. *Paris, Lévy,* 1856, 1 vol. — Ensemble 21 vol. in-12, demi-rel. bas.

<small>Envoi autographe de Champfleury à George Sand.</small>

392. **Holbein** (Hans). La Danse des morts. *Paris, Labitte,* 1 vol. in-12, rel. vélin.

393. **Homère**. L'Iliade, traduction nouvelle avec fig. de Cochin. *Paris, Barbou,* 1776, 3 vol. in-8, rel. pl. v. marbré, tr. dor.

394. **Homère**. Iliade, traduction par Eugène Bareste, illustrée par Titeux et de Lemud. — Odyssée, édition illustrée par Devilly et Titeux. *Paris, Lavigne,* 1842-1843, 2 vol. in-8, demi-rel. v.

395. **Homère**. Iliade, avec 24 grandes compositions par M. Henri Motte, traduction par Émile Pessonneaux. 1 vol. in-4, br.

396. **Homère**. L'Iliade, trad. nouvelle par Leconte de Lisle. *Paris, Lemerre,* 1867, 1 vol. in-8, br.

<small>Envoi de Leconte de Lisle à Mme George Sand.</small>

397. **Homère**. Odyssée, Hymnes, Épigrammes Batrakhomakhie. Tr. nouvelle par Leconte de Lisle. *Paris, Lemerre,* 1868, 1 vol. in-8, br.

<small>Envoi à Mme George Sand par Leconte de Lisle.</small>

398. **Hongrie** (la) ancienne et moderne, histoire, arts, littérature, monuments, par une société de littérateurs sous la direction de M. J. Boldenyi, nombr. illustr. *Paris, Lebrun,* 1851, 1 vol. in-8, demi-rel. chag. pl. toile.

399. **Horace**. Œuvres en latin et en français, avec des remarques critiques et historiques, par M. Dacier; front. *Paris, Ballard,* 1709, 10 vol. in-12, rel. pl. v.

400. **Houry.** (Laurent d'). Almanachs royaux pour les années 1789-1790-1791. *Paris, Debure et Vve d'Houry,* 3 vol. in-8, rel. pl. v.

401. **Houssaye** (Arsène). Les Charmettes, J.-J. Rousseau et Mme de Warens; portr. par Laguillermie et 1 grav. *Paris, Didier,* 1863, 1 vol. in-8, demi-rel. maroq.

402. **Hugo** (Victor). Odes et ballades; édition augmentée de l'Ode à la Colonne et de dix pièces nouvelles, fig. *Paris, Bossange,* 1829, 2 vol. in-8, demi-rel. toile.

403. **Hugo** (Victor). Le Roi s'amuse, drame. *Paris, Renduel*, 1832, 1 vol. in-8, demi-rel. toile.

404. **Hugo** (Victor). Les Voix intérieures. *Paris, Renduel*, 1837. — Les Rayons et les Ombres. *Delloye*, 1840, 1 vol. in-8, demi-rel. toile.

405. **Hugo** (Victor). Châtiments. *Genève et New-York*, 1853, 1 vol. in-32, rel. pl. maroq.

406. **Hugo** (Victor). Les Contemplations. *Paris, Lévy et Pagnerre*, 1856, 2 vol. in-8, demi-rel. chag.

407. **Hugo** (Victor). La Légende des siècles. *Paris, Lévy*, 1859, 2 vol. in-8, demi-rel. chag.

408. **Hugo** (Victor). La Légende des siècles. *Bruxelles*, 1859, 1 vol. in-8, br.

409. **Hugo** (Victor). Les Misérables. *Paris, Pagnerre*, 1862, 10 vol. in-8, demi-rel. chag.

410. **Hugo** (Victor). Le Livre des Mères. Les Enfants, vignettes, par Froment, grav. par Brend'amour, de Dusseldorf. *Paris, Hetzel*, 1862, 1 vol. in-4, br.

411. **Hugo** (Victor). William Shakespeare; portr. *Paris, Librairie internationale*, 1864, 1 vol. in-8, demi-rel. chag.

412. **Hugo** (Victor). Les Travailleurs de la mer. *Paris, Librairie internationale*, 1866, 3 vol. in-8, br.

413. **Hugo** (Victor). Les Chansons des rues et des bois. *Paris, Librairie internationale*, 1866, 1 vol. in-8, br.
Envoi autographe de l'auteur à George Sand.

414. **Hugo** (Victor). Paris. *Paris, Librairie internationale*, 1867, 1 plaq. in-8, br.
Envoi autographe de l'auteur à George Sand.

415. **Hugo** (Victor). L'Homme qui rit. *Paris, Librairie internationale*, 1869, 4 vol. in-8, br.
Envoi autographe de l'auteur à George Sand.

416. **Hugo** (Victor). Actes et paroles, 1870-1871-1872. *Paris, Lévy*, 1872, 1 vol. in-12, br.
Envoi autographe de l'auteur à George Sand.

417. **Hugo** (Victor). L'Année terrible. *Paris, Lévy*, 1872, 1 vol. in-8, br.
Envoi autographe de l'auteur à George Sand.

418. **Hugo** (Victor). La Libération du territoire. *Paris, Lévy*, 1873, 1 plaq. in-8, br.
Envoi autographe de l'auteur à George Sand.

419. **Hugo** (Victor). Quatre-Vingt-Treize. *Paris, Lévy*, 1874, 3 vol. in-8, br.
   Envoi autographe de l'auteur à George Sand.

420. **Hugo** (Victor). Mes Fils. *Paris, Lévy*, 1874, 1 plaq. in-8, br.
   Envoi autographe de l'auteur à George Sand.

421. **Hugo** (Victor). Actes et paroles pendant l'exil, 1852-1870. *Paris, Lévy*, 1875, 1 vol. in-8, br.
   Envoi autographe de l'auteur à George Sand.

422. **Hugo** (Victor). Actes et paroles depuis l'exil, 1870-1876. *Paris, Lévy*, 1876, 1 vol. in-8, br.
   Envoi autographe de l'auteur à Maurice Sand.

423. **Hugo** (Victor). Toute la Lyre. *Paris, Hetzel-Quantin*, 1888, 2 vol. in-8, br.

424. **Hurtrel** (Mme Alice). Les Aventures romanesques d'un comte d'Artois, avec illustr. par Adrien Marie. *Paris, Hurtrel*, 1883, 1 vol. in-12 br. avec emb.

425. **Imitation de Jésus-Christ** mise en vers françois par Pierre Corneille. *A Francheford, chez Nicollas Hvlst*, 1658, 1 vol. in-12, rel. pl. maroq.

426. **Instructions pour les jeunes dames** qui entrent dans le monde et se marient, leurs devoirs dans cet état et envers leurs enfants, par Mme Le Prince de Beaumont. *A Lyon, chez Reguilliat*, 1764, 2 vol. in-12, rel. pl. v.

427. **Inventaire sommaire** des archives départementales antérieures à 1790 : Département de l'Indre. 1 vol. in-4, cart.

428. **Jacquemart** (Albert). Histoire de la céramique. *Paris, Hachette*, 1875, 1 vol. in-8, cart. (*Bradel.*)

429. **Jacquinet.** Fragments d'études sur l'homme et la société. *Didier*, 1875. — Veuillot. Le Parfum de Rome, tome I. 1862. — Hippolyte Renaud. Raison et préjugés. 1867. — Lelouet. Démocratisation de la noblesse. 1869. — Hervé. La Question religieuse au point de vue de la conscience générale. 1870. — Émilie de Vars. Les Ultra-catholiques. *Dentu*, 1870. — Philosophie méthodique ; méthode générale de Strada. 1867. — Viardot. Libre Examen. 1874. — L. Figuier. Le Lendemain de la mort, fig. 1871. — Les Hommes providentiels, ou les Révolutionnaires ennemis des Révolutions. 1866. — P. de Champ-robert. Les Prérogatives de l'Église universelle défendues contre l'oligarchie sacerdotale de Rome et ses adhérents. 1861. — Mably. Théories sociales et politiques. 1849. — Allez-y, par Mme F. Dufor. 1874. — Graveau. Le Peuple. — Schaeffer. De la Bonté morale. —

Mme F. de Lacoste. Rénovation de la femme. 1869. — Chamfort. — Legouvé. Les Pères et les Enfants au xixe siècle. — Ensemble 18 vol. in-12, br.

<small>Envois autographes des auteurs à George Sand.</small>

430. **Janet** (P.). Philosophie du bonheur. 1864. — De Sénancour. De l'Amour selon les lois premières. 1834, tome I. — Théorie de l'association et de l'unité universelle de C. Fourier, introduction religieuse et philosophique par E. de Pompery. 1841. — Le Docteur Tombouctou. 1837. — Lettre à George Sand sur sa polémique avec M. Lerminier à l'occasion de M. de Lamennais. 1838. — Le Vrai Voltaire, l'homme et le penseur, 2 livraisons. 1867. — Brothier. Ébauche d'un glossaire du langage philosophique. 1863. — Exposition de la foi musulmane, traduite du turc par M. Garcin de Tassy. 1822. — V. Leroux. Tout est bien. 1838. — G. Lambert. Étude de l'organisation administrative des États. 1862. — L. Leblois. Les Bibles et les initiateurs religieux de l'humanité. — Ensemble 11 vol. in-8, br.

<small>Envois autographes des auteurs à George Sand sur plusieurs volumes.</small>

431. **Janin** (Jules). La Fin d'un monde et du neveu de Rameau. *Paris*, 1861, 1 vol. in-12, br.

432. **Janin** (Jules). Contes non estampillés. *Paris, Hetzel*, 1 vol. in-12, br.

433. **Jay** (A.). Histoire du Ministère du cardinal de Richelieu, ornée de son portrait. *Paris, Remont*, 1816, 2 vol. in-8, rel. pl. v. marbré.

434. **Jérôme Paturot** à la recherche d'une position sociale. *Paris, Paulin*, 1842, 1 vol. in-8, cart.

435. **Joanne** (Adolphe). Albert Fleurier. *Paris, Hachette*, 1872. — Un Châtiment. 1868. — Ensemble 2 vol. in-12, br.

<small>Envoi autographe de l'auteur à George Sand sur ces 2 vol.</small>

436. **Joullietton.** Histoire de la Marche et du pays de Combraille. *Guéret*, 1814-1815, 2 vol. in-8, demi-rel. v.

437. **Jourdan** (Prosper). Contes et poésies. 1854-1866. *Paris*, 1866, 1 vol. in-12, br.

<small>Exemplaire sur papier de Hollande.</small>

438. **Journet** (Jean). Documents apostoliques et prophéties. 1858. — E. de Laveley. Questions contemporaines. 1863. — Les Jésuites jugés par les rois, les évêques et le pape. 1857. — Saint-Bonnet. De la Douleur. 1849. — H. Brissac. L'Esprit nouveau dans l'humanité. 1867. — D. Laverdant. La Gaule très chrétienne et le czar orthodoxe. 1851. — H. Feugueray. L'Association ouvrière, industrielle et agricole. 1851. — A. Debay. Physiologie des perfections et beautés de la femme. 1852. — A. Huber. Nuit de veille d'un prisonnier d'Etat.

1862. — Le Dr CLAVEL. De l'Équilibre et de ses lois. 1861. — H. RENAUD. Destinée de l'homme dans les deux Mondes. 1862. — Ensemble 11 vol. in-12.

<small>Envois autographes des auteurs à George Sand, sur presque tous ces volumes.</small>

439. **Junior** (P.). La Bibliomanie en 1882-1883 et 1885. 3 vol. — Les Fous littéraires. — Les Livres cartonnés. — Recherches sur les imprimeries imaginaires. — Livres perdus. — Ensemble 7 vol. in-12, br.

440. **Justice** (O.). Les Muses du macadam. 1867. — MAXIME DELAFONT. Les Olympiennes. 1865. — DE SENANCOUR. De l'Amour selon les lois premières et selon les convenances des sociétés modernes. 1834, tome II. — Rêveries. 1833. — NOLDEKE. Histoire littéraire de l'Ancien Testament. 1873. — OEuvres de M. BALLANCHE. 1830, tome I. — D'ARPENTIGNY. La Science de la main. 1856 (3 exempl.). — THÉOBALD WALSH. George Sand. 1837. — MICHAUX. Étude sur la question des peines. 1872. — LISZT. F. Chopin. 1852. — H. AUBERTIN. Quelques mots sur le romantisme des dix dernières années en France. 1840. — Ensemble 13 vol. in-8, b.

<small>Envois autographes des auteurs à George Sand, sur quelques volumes.</small>

441. **Labessade** (Léon de). Les Ruelles du xviii siècle, préface par Aexandre Dumas fils, front. *Paris, Rouveyre*, 1879, 2 vol. in-8, br.

<small>Exemplaire sur papier de Chine.</small>

442. **La Borde** (de). Choix de chansons mises en musique par M. de La BORDE, premier valet de chambre ordinaire du roi, gouverneur du Louvre, ornées d'estampes par J.-M. Moreau, dédiées à Mme la Dauphine. *A Paris, chez de Lormel*, 1773, tomes I et II; 2 vol. gr. in-8, rel. pl. maroq.

<small>Riche reliure à l'oiseau, aux armes du maréchal de Saxe, avec large dentelle sur les plats, exécutée par Derôme.</small>

443. **Lacépède** (le comte de). Histoire générale de l'Europe depuis les dernières années du ve siècle jusque vers le milieu du xviiie. *Paris, Lebigre*, 1833, 6 vol. in-8, demi-rel. rel. v.

444. **Lachambaudie.** Fables, édition illustrée par Daubigny, Nanteuil, etc. *Paris, Lecou*, 1855, 1 vol. in-8, cart. de l'éd.

445. **La Città** stabilita in Terracina secundo la descrizione di Omero da Pietro Matranga. *Roma*, 1852, 1 vol. in-4, demi-rel.

446. **Lacretelle** (Charles). Histoire de France pendant le dix-huitième siècle. *Paris, Delaunay*, 1812, 6 vol. in-8, rel. pl. v.

447. **Lacroix** (Albert). Histoire de l'influence de Shakspeare sur le théâtre français jusqu'à nos jours. *Bruxelles*, 1856, 1 vol. in-8, demi-rel. toile.

448. **Lacroix** (Paul). Les Arts au moyen âge et à l'époque de la Renaissance. *Paris, Didot*, 1871, 1 vol. petit in-4, demi-rel.

449. **Lacroix** (Paul). Mœurs, usages et costume au moyen âge et à l'époque de la Renaissance. *Paris, Didot*, 1872, 1 vol. petit in-4, demi-rel.

450. **Lacroix** (Eugène de). Lettres publiées par Ph. Burty. *Paris, Quantin*, 1878, 1 vol. in-8, cart.

451. **Lacuisine** (de). Le Parlement de Bourgogne depuis son origine jusqu'à sa chute; portr. de Brulard. *Dijon*, 1857, 2 vol. in-8, demi-rel. bas.

452. **Ladimir et Moreau**. Campagnes, triomphes, revers, désastres et guerres civiles des Français de 1792 à la paix de 1856; cartes et portr. *Paris*, 1857, 8 vol. in-8, demi-rel. toile.

453. **Lafenestre** (G.). Titien, nombr. grav. dans le texte et hors texte. 1 vol. in-folio, cart.

454. **La Fontaine**. Fables, mises en vers par M. de la Fontaine. Nouvelle édition gravée en taille-douce. Les figures par le sieur Fessart. Le texte par le sieur Montulay. Dédié aux Enfants de France. *Paris*, 1765, 6 vol. in-8, rel. pl. en mar.

455. **La Fontaine** (J. de). Contes et nouvelles en vers, fig. *Lyon, Scheuring*, 1874, 2 vol. in-8, br.

456. **La Fontaine** (Jean de). Contes et nouvelles en vers. 1777, 2 vol. in-8, rel. pl. en v., tête dor., n. r.
    Joli exemplaire de la contrefaçon de l'édition dite des Fermiers généraux.

457. **La Fontaine** (J. de). Contes et nouvelles en vers, nombr. en têtes. *Rouen, Lemonnyer*, 1879, 2 vol. in-16, br.

458. **La Fontaine**. Fables avec un nouveau commentaire littéraire et grammatical, dédié au roi par Ch. Nodier, fig. *Paris, Eymery*, 1818, 2 vol. in-8, demi-rel. v.

459. **La Fontaine**. Fables, édition illustrée par E. Lambert. *Paris, Hetzel*, 1 vol. in-8, demi-rel.

460. **Lalanne** (A.). Le Billard, eaux-fortes par Maxime Lalanne. *Paris, Aubry*, 1866, 1 vol. in-8, br.

461. **Lamartine** (de). Œuvres, portr. et fig. *Paris, Gosselin*, 1832, 4 vol. in-8, demi-rel. v. avec coins.

462. **Lamartine** (A. de). Histoire des Girondins. *Paris, Furne*, 1847, 8 vol. in-8, demi-rel. chag.

463. **Lamartine**. Raphael. Pages de la vingtième année. *Perrotin*, 1849. — L. Brothier. Ebauche d'un glossaire du langage philosophique. 1863. — Thiers. De la Propriété. *Lheureux*, 1848. — Joquin Nabuco. Amour et Dieu. *Claye*, 1874. — Doublet. De la Méthode scientifique. 1874. — G. Lambert. Etude sur Augustin Chaho. 1861. — Rey.

Coup d'œil rétrospectif sur la politique générale des dernières années. 1865. — VIDAL. De la Répartition des richesses. 1846. — Des Caisses d'épargne. 1844. — Ensemble 9 vol. in-8, br.

<small>Envois autographes des auteurs à George Sand sur quelques volumes.</small>

464. **Lamartine** (A. de). Vie des grands hommes. *Paris*, 1855, 4 vol. in-12, demi-rel. toile.

465. **Lamartine** (A. de). Cours familier de littérature. 1856-1859, 3 vol. in-8, demi-rel. toile et 18 livraisons, br.

466. **Lamartine** (A. de). Raphaël. Pages de la vingtième année avec 10 compositions par Sandoz, gravées à l'eau-forte par Champollion. 1 vol. in-8, br.

467. **Lamathière**. Panthéon de la Légion d'honneur. *Paris, Imprimeries réunies*, 3 vol. in-4, br.

<small>Manque le tome I.</small>

468. **Lamber** (Juliette). Récits du golfe Juan. 1875. — Le Siège de Paris. 1873. — Païenne. 1883. — Grecque. 1879. — L'Éducation de Laure. 1869. — Le Mandarin. 1860. — Saine et Sauve. 1870. — Jean et Pascal. 1876. — Le Mandarin. 1860, — Contes de Saint-Santin. 1863 (exemplaire sur papier de différentes couleurs). — Ensemble 11 vol. in-12, br.

<small>Envois autographes de l'auteur à George Sand sur presque tous les volumes.</small>

469. **Lambert** (Charles). Le Système du monde moral. 1862. — L'Immortalité selon le Christ. 1865. — L. MICHEL. Vie universelle. 1859. — RONZIER-JOLY. Les Horizons du ciel. 1856. — LE PELLETIER. Le Dieu inconnu. 1867. — CH. RUELLE. De la Vérité dans l'histoire du christianisme. 1866. — MICHEL NICOLAS. Études critiques sur la Bible. 1864. — A. TARDIF. Des Peuples européens, leur état social sous leurs divers gouvernements. 1840. — Ensemble 8 vol. in-8, br.

<small>Envois autographes des auteurs à George Sand sur plusieurs volumes.</small>

470. **Lamennais** (F. de). Œuvres complètes; portr. *Paris, Cailleux*, 1836-1837, 12 vol. — Œuvres posthumes de F. DE LAMENNAIS, publiées par E.-D. Forgues. *Paris, Le Chevalier*, 1859, 2 vol. — Ensemble 14 vol. in-8, demi-rel. chag.

471. **Lamennais** (l'abbé F. de). Œuvres. *Paris-Bruxelles, Cailleux*, 1837, 12 vol. in-8, br.

472. **Lamennais** (F. de). Les Evangiles. *Pagnerre*, 1846. — P. LEROUX. D'une Religion nationale ou du culte. 1846. — Les Vies des plus illustres philosophes de l'antiquité. 1841. — A. PERDIGUIER. Despotisme et liberté. 1864. — Question vitale sur le compagnonnage et la classe ouvrière. 1863. — CABET. Voyage en Icarie. 1842, 2 vol. — L'Homme de désir. 2 vol. — L'abbé de Saint-Pierre, sa vie et

ses œuvres. 1857. — Abailard et Héloïse, essai historique par M. et Mme Guizot. 1853. — L'État ou la République de Platon. 1842. — Ensemble 12 vol. in-12, demi-rel.

473. **Lamennais**. De la société première et de ses lois. 1848. — Mme Daillier-Creton. La Paix du monde. *Dentu*, 1865. — De Strada. Essai d'un ultimum organum. *Hachette,* 1865. — E. Barat. L'Association, son emploi rationnel. 1867. — William Ellis. Leçons progressives de science sociale. 1873. — Legouvé. Histoire morale des femmes. *Dentu*, 1856. — Ch. Pellarin. Charles Fourier, sa vie et sa théorie, fac-similés d'autographes. 1843 (2 exempl.). — Louis F. Le Secret d'Hermès. — Le Divorce comme base de la morale, ou Philosophie du mariage. 1873. — J.-J. Rousseau. Fragments inédits suivis des résidences de J. J., par Alfred de Bougy. 1853. —Ensemble 11 vol. in-12, br.
    Envois autographes des auteurs à George Sand sur quelques volumes.

474. **Lancosme-Bréves** (le comte Savary de). La Vérité à cheval ; dessins d'Eugène Giraud et de Ph. Lediеu, gravés par Gagnon. *Paris, Ledoyen,* 1843, 1 vol. in-8, demi-rel. chag.
    Envoi autographe de l'auteur à George Sand.

475. **Langlois** (Hyacinthe). Souvenirs de l'école de Mars et de 1794. *Rouen, Baudry,* 1836, 1 vol. in-8, br.
    Exemplaire donné à George Sand par Gustave Flaubert.

476. **La Porte** (A. de). Histoire généalogique des familles nobles du nom de De La Porte avec les maintenues, les preuves de noblesse et les sources. *Poitiers*, 1882, 1 vol. in-8, br.

477. **Laprade** (Victor de). Psyché, poème. *Paris, Labitte,* 1841, 1 vol. in-12, br.
    Envoi autographe de l'auteur à George Sand.

478. **Las Cases** (comte de). Mémorial de Sainte-Hélène. *Paris, Bossange,* 1824, 8 tomes en 4 vol. in-12, demi-rel. v.

479. **Las Cases**. Mémorial de Sainte-Hélène, illustré par Charlet, Vernet, etc. *Paris, Bourdin,* 1842, 2 vol. in-8, demi-rel.

480. **Las Cases** (le comte de). Mémorial de Sainte-Hélène, illustré par Janet-Lange et Gustave Janet. *Paris, Barba,* 3 vol. gr. in-8, demi-rel. toile.

481. **Lecocq** (Jules et Georges). Histoire des fabriques de faïence et de poterie de la Haute-Picardie. *Paris, Simon,* 1877, 1 vol. in-4, br.

482. Le Sculture del Campidoglio incise e brevemente descritte. *Roma*, 1843, 4 vol. grand in-8, br.

483. **Latouche** (de). La Reine d'Espagne, drame ; portr. *Paris, Levasseur,* 1831, 1 vol. in-8, br.
    Envoi autographe de l'auteur.

484. **Laurens** (J.-B.). Études théoriques et pratiques sur le beau pittoresque dans les arts du dessin, ouvrage accompagné de 35 planches sur bois. *Paris*, 1854, 1 vol. in-4, br.

485. **Laurent-Pichat** (L.). Libres paroles. *Paris*, 1847, 1 vol. in-8, br.
Envoi autographe de l'auteur à George Sand.

486. **Laurent-Pichat** (L.). Chroniques rimées. *Paris, Librairie nouvelle*, 1856, 1 vol. in-8, br.
Envoi autographe de l'auteur à George Sand.

487. **Lavallée** (Théophile). Histoire des Français depuis les temps des Gaulois jusqu'en 1830. *Paris, Paulin et Hetzel*, 1838-1840, 4 vol. in-8, demi-rel. v.

488. **Lavallée** (Théophile). Histoire de l'empire ottoman depuis les temps anciens jusqu'à nos jours; nombr. fig. *Paris, Garnier*, 1855, 1 vol. gr. in-8, demi-rel. chag. pl. toile, tr. dor.

489. **Lavater.** Essai sur la physiognomonie destiné à faire connaître l'homme et à le faire aimer. *La Haye*, 1781-1803, 4 vol. gr. in-4, rel. pl. maroq., tr. dor.

490. **Leblois** (Louis). Les Bibles et les initiateurs religieux de l'humanité, ouvr. orné de dessins et de planches hors texte. *Paris, Fischbacher*, 1883-1885, 4 vol. in-8, br.

491. **Leblois** (Louis). Les Bibles et les initiateurs religieux de l'humanité, ouvrage orné de dessins, de cartes et de planches hors texte. *Paris, Fischbacher*, 1888, 2 vol. in-8, br.

492. **Lebreton** (Théodore). Nouvelles Heures de repos d'un ouvrier, portr. et nombr. grav. *Rouen*, 1842, 1 vol. in-8, cart.
Envoi autographe de l'auteur à George Sand.

493. **Lebrun** (Ponce-Denis Écouchard). OEuvres, portr. *Paris*, 1811, 4 vol. in-8, demi-rel. toile.

494. **Lecomte** (L. Henry). Un Comédien au xix° siècle, Frédérick-Lemaître. Étude biographique et critique d'après des documents inédits. *Paris*, 1888, 2 vol. in-8, br.
Envoi autographe de l'auteur à Maurice Sand.

495. **Leconte de Lisle.** Poèmes antiques. *Paris, Ducloux*, 1852, 1 vol. in-12, br.
Envoi autographe de l'auteur à George Sand.

496. **Leconte de Lisle.** Poèmes et poésies. *Paris, Dentu*, 1855, 1 vol. in-12, br.
Envoi autographe de l'auteur à George Sand.

497. **Leconte de Lisle.** Eschyle. *Paris, Lemerre*, 1872, 1 vol. in-8, br.
Envoi autographe de l'auteur à George Sand.

498. **Ledain** (Bélisaire). La Gatine historique et monumentale, ouvr. accompagné d'eaux-fortes et de lithographies, dessinées et gravées par Sadoux. *Paris, Claye*, 1876, 1 vol. gr. in-4, br.

499. **Lefèvre** (A.). L'Épopée terrestre. 1868. — Max Buchon. Poésies franc-comtoises. 1862. — A. Saint-Dizier. Upliane. 1856. — A. Decroix. Fleurs d'un jour. 1856. — R. de Grisy. Réveil de l'âme. 1855. — H. Cozic. Harmonies républicaines. 1851. — Mlle N. Thurel. Les Primevères. 1853. — Épître à une jeune veuve, par Pascal Augé. 1854. — A. Vaillot. Les Humbles Poésies. 1860. — C. des Guerrois. Paysages de campagne. 1854. — E. Larivière. L'Arc et la Lyre. 1867. — A. Brady. Loin du monde. 1857. — Mlle L. Nairière. Les Métamorphoses d'Égérie. 1857. — E. Roche. Poésies posthumes. 1863. — Mme A. Penquer. Révélations poétiques. 1865. — Jules et Léonide Allard. Les Marges de la vie. 1857. — J. Bondon. Les Fleurs et leurs rayons. 1866. — A. Millien. La Moisson. 1860. — A. Badou. Les Premiers Pas. 1862. — A. Saintour. Miel et Fiel. 1862. — Ensemble 20 vol. in-12, br.

Envois autographes des auteurs à George Sand sur plusieurs volumes.

500. **Legouvé** (Gabriel). Le Mérite des femmes, poème, fig. *Paris, Didot, an IX*. — Manuscrit. Des Riens, ouvrage dédié à George Sand. 1869-1870. — Du Pontavice de Heussey. Études et Aspirations. 1859. — Dziady ou la Fête des morts, trad. d'Adam Mickiewicz. 1834. — Poésies d'André Chénier, 1841. — A. Barbier. Iambes et poèmes. 1840. — A. Renaud. Les Poèmes de l'amour. 1860. — Horace. Odes gaillardes. 1861. — OEuvres choisies de Campanella, 1844. — Mme L. Colet. Poésies complètes. 1844. — Ensemble 10 vol. in-12, rel.

Envoi autographe de l'auteur à George Sand sur un de ces volumes.

501. **Lemaire** (Ch.). Initiation à la philosophie de la liberté. *Paris, Pagnerre*, 1842, 2 vol. in-8, br.

Envoi autographe de l'auteur à George Sand.

502. **Le Maistre de Sacy.** La Sainte Bible, contenant l'Ancien et le Nouveau Testament, illustrée de 180 gravures. *Paris, Bry*, 1851, 1 vol. — La Bible. Les trois Testaments. Examen méthodique fonctionnel, distributif et pratique de la Bible. *Havre*, 1872. 1 vol. — Ensemble 2 vol. in-4, demi-rel. bas.

504. **Le Médailler de Pologne**, ou Collection de Médailles ayant rapport à l'histoire de ce pays depuis les Anciens jusqu'à celles qui ont été frappées sous le règne du roi Jean III (1513-1696). Par le comte Édouard Raczynski. *Breslau*, 1838, 2 vol. pet. in-4, cart.

505. **Le Livre d'or des Familles**, ou la Terre-Sainte, illustrée par Jal. *Paris*, 1 vol. in-8, demi-rel.

506. **Lépinois** (E. de B. de). L'Art dans la rue et l'Art au salon. 1859.
— CANTALOUBE. Lettre sur les Expositions et le Salon de 1861. —
THORÉ. Le Salon de 1844. — CH. CLÉMENT. Michel-Ange, Léonard
de Vinci, Raphaël. 1861. — P. DE SAINT-VICTOR. Barbares et bandits. 1872. — A. CASTELNAU. La Question religieuse. 1861. — CH.
NEUHAUS. Pensées et fragments divers. 1863. — MOREL ET GÉRIMONT.
L'Esprit des Allemands. — PEYRAT. La Révolution et le Livre de
M. Quinet. 1866. — A. ESQUIROS. L'Angleterre et la vie anglaise.
— L. FEUGÈRE. Les Femmes poètes au XVI° siècle. — EDGAR MONTEIL. L'an 89 de la République. *An 81*. — E. SCHERER. Études sur la
littérature contemporaine. 1874. — CHAMFORT. Pensées, maximes,
anecdotes, dialogues. — MARIE DORVAL. 1798-1849. Biographie.
1848. — La Question italienne sous l'Empire, discours du prince
Napoléon au Sénat. — Ensemble 16 vol. in-12, br.

507. **Léris** (G. de). L'Italie du Nord, ouvrage illustré de nombreux
dessins d'après nature. *Paris*, 1889, 1 vol. gr. in-8, br.

508. **Leroux** (Pierre). De l'Humanité, de son principe et de son avenir. *Paris, Perrotin*, 1840, 2 vol. — Nouveau Christianisme. Lettre
d'Eugène Rodrigues et la Religion et la Politique. L'Éducation
du genre humain, de Lessing. 1832. — L'Utopie de THOMAS MORUS,
traduction par M. V. Stouvenel. *Paris, Paulin*, 1842. — Histoire
d'une âme, par M. DE GENOUDE. 1844. — DE GENOUDE. Sermons et
Conférences. 1841. — J. REYNAUD. Philosophie religieuse. Terre et
Ciel. *Paris, Furne*, 1854. — Ensemble 7 vol. in-8, demi-rel.

509. **Le Roy**. Les Ruines des plus beaux monuments de la Grèce,
planches. *Paris, Guérin*, 1758, ouvrage divisé en 2 parties, en 1 vol.
gr. in-folio, demi-rel. v.

510. **Le Sage** (A. René). OEuvres, ornées de gravures. *Paris, Ledoux*,
1828, 12 vol. in-8, demi-rel. toile.

511. **Le Sage**. Le Diable boiteux illustré par Tony Johannot, précédé
d'une notice sur Le Sage par Jules Janin. *Paris, Bourdin*, 1845,
1 vol. in-8, demi-rel. chag.

512. **Le Sage**. Histoire de Gil Blas de Santillane, vignettes par J.
Gigoux. *Paris, Paulin*, 1836, 1 vol. gr. in-8, demi-rel.

513. **Les Amours**. Élégies en 3 livres. *Londres*, 1780, 1 vol. in-12, rel.
en mar. pl.

514. **Le Saphir**. Livre des Salons, par LÉON GOZLAN, PH. CHASLES, BONNARDOT, etc., illustré de douze magnifiques gravures anglaises,
sous la direction du bibliophile Jacob. *Paris, Janet*, 1 vol. gr.
in-8, br.

515. **Les Emblèmes** d'amour divin et humain, ensemble expliqués
par des vers français, par un Père capucin. *A Paris*, 1631, 1 vol.

in-12, rel. — Emblemata sive Symbola. — Devises ou Emblèmes pour Princes, gens d'Églises, gens de guerre et aultres. *Bruxelles*, 1624, 1 vol. pet. in-4, parch.

516. **Les Femmes de Shakespeare**, quarante-cinq magnifiques portraits. *Paris, Bachelin-Deflorenne*, 1862, 1 vol. in-8, cart.

517. **Les Français sous la Révolution**, par MM. AUGUSTE CHALLAMEL et WILHELM TENINT, avec 40 scènes et types, coloriés, dess. par Baron. *Paris, Challamel,* 1 vol. in-8, demi-rel.

518. **Les Galeries publiques de l'Europe**, par ARMENGAUD. *Paris, Rome, Paris, Claye*, 1856, 1 vol. pet. in-fol, rel. pl.

519. **Les Lettres** et les Arts, revue illustrée. *Paris*, 1886-1887, 2 vol. in-4, br.

520. **Les Métamorphoses** d'Ovide, traduites en français, par Du Rier, figures. *La Haye, chez Gosse*, 1728, 3 vol. in-12, rel. en v.

521. **Le Temple de Gnide**, mis en vers par Colardeau, figures de Monnet. *Paris*, 1773, 1 vol. in-8, rel. pl. en veau.

522. **Le Théâtre Français** au XVIe et au XVIIe siècles, par ED. FOURNIER. *Paris, Laplace*, 1 vol. in-8, demi-rel.

523. **Lettere d'una Peruviana**, tradotte dal francese in italiano, dal signor DEODATI. *In Parigi*, 1760, 1 vol. in-12, rel. pl. v.

524. **Lettres et mémoires** choisis parmi les papiers originaux du maréchal de Saxe. *Paris, Smits*, 1794, 5 vol. in-8, demi-rel. toile.

525. **Lettre** sur le théâtre anglois avec une traduction de l'Avare, comédie de M. Shadwell, et de la Femme de campagne, comédie de M. Wicherley. 1752, 2 vol. in-12, rel. pl. v.

526. **Liberté de penser**. Revue philosophique et littéraire. *Paris*, 1849, 4 tomes en 3 vol. in-8, br.

    Manque les tomes I et II.

527. **Linguet**. Annales politiques, civiles et littéraires du XVIIIe siècle. *A Londres*, 1777-1779, 7 vol. in-8, rel. pl. v. écaillé.

528. **Littré** (E.). Dictionnaire de la langue française. *Hachette*, 1863, 4 vol. in-4.

529. **Longus**. Les Amours pastorales de Daphnis et Chloé, ornés des estampes originales du fameux Audran, gravées aux dépens du duc d'Orléans. *Paris, imprimé pour les curieux en* 1857, 1 vol. p. in-4, rel. pl. en v.

530. **Longpérier** (Arthur de). Musée Napoléon III. — Choix de monuments antiques pour servir à l'histoire de l'art en Orient et en Occident; planches. *Paris, Guérin*, 1 vol. in-4, en carton.

531. **Loriquet** (Ch.). Tapisseries de la cathédrale de Reims, nombr. pl. en héliograv. *Paris, Quantin*, 1882, 1 vol. in-folio, en carton.

532. **Lot** d'une centaine de brochures, pièces de théâtre, etc.

533. **Lot** d'une centaine de brochures du dix-huitième siècle, pièces de théâtre.

534. **Lot** de 20 plaquettes, romans et théâtre, br. etc.

535. **Loti.** Aziadée. *Paris, Lévy*, 1879, 1 vol. in-12, br.
   Première édition.

536. **Lottin de Laval.** Un an sur les chemins, récits d'excursions dans la Sicile, l'Italie, l'Autriche, la Grèce, l'Asie Mineure, etc. *Paris, Masson*, 1837, 2 vol. in-8, demi-rel. v.
   Envoi autographe de l'auteur à George Sand.

537. **Lucas** (H.). Les Architectes de la nature, nombr. grav. *Paris, Furne*, 1870. — A. MANGIN. Le Désert et le monde sauvage, nombr. illustr. *Tours, Mame*, 1870. — L'Homme et la Bête, ouvr. illustré de 120 grav. *Paris, Didot*, 1872. — E. MULLER. Causeries sur la nature et l'industrie. *Paris, Lefèvre*. — Ensemble 4 vol. in-8, demi-rel. chag. pl. toile, tr. dor.

538. **Luthmer** (Ferdinand). Joaillerie de la Renaissance d'après des originaux et des tableaux du xve au xviie siècle. 1 vol. gr. in-4, en carton.

539. **Madame Roland**, sa détention à l'Abbaye et à Sainte-Pélagie, 1793, racontée par elle-même dans ses Mémoires, illustr. par Poirson. *Paris, Hurtrel*, 1886, 1 vol. in-12, br. avec emb.

540. **Magnin** (Charles). Histoire des marionnettes en Europe depuis l'antiquité jusqu'à nos jours. *Paris, Lévy*, 1852, 1 vol. in-8, br.
   Envoi autographe de l'auteur à George Sand.

541. **Maha-Bharata** (le), poème épique de Krishna-Dwaipayana, plus communément appelé Véda-Vyasa, traduit par Hippolyte Fauche. *Paris, Duprat*, 1864-1866, 3 vol. in-8, br., tomes 2, 4 et 5.

542. **Maintenon** (Mme de). Lettres sur l'éducation des filles. 1854. — SCHILLER. Histoire de la guerre de Trente ans. 1841. — Mémoires du général Custine, portr. 1794. — Mémoires du général Dumouriez, portr. 1794. — Vie privée et politique du général Dumouriez. 1794. — Mémoires de Silvio Pellico, Mes prisons. 1844. — Mémoires, correspondance et ouvrages inédits de Diderot. 1841, 2 vol. — Ensemble 8 vol. in-12, demi-rel. toile.

543. **Maistre** (Xavier de). Œuvres. *Paris, Dondey-Dupré*, 1825, 3 vol. in-12, cart.

544. **Malot** (Hector). Les Victimes d'amour. *Paris, Lévy*, 1859, 1 vol. in-12, demi-rel. toile.
   Envoi autographe de l'auteur à George Sand.

545. **Malot** (Hector). Les Amours de Jacques. *Lévy,* 1861. — Sauveur. Entretiens sur la grammaire. — Assollant (Alfred). Scènes de la vie des États-Unis. 1859. — Stahl. Histoire d'un homme enrhumé. 1859. — Bêtes et Gens. 1854. — Les Bonnes Fortunes parisiennes. — Tarass Boulba, trad. du russe par Louis Viardot. 1853. — Frédérika Bremer. Scènes de la vie dalécarlienne. 1847. — Ensemble 8 vol. in-12, demi-rel.

    Envois autographes des auteurs à George Sand, sur 2 de ces volumes.

546. **Mantz** (P.). F. Boucher, Lemoine et Natoire, nombr. grav. dans le texte et hors texte. *Paris,* 1880, 1 vol. in-folio, cart.

547. **Mantz** (P.). Hans Holbein, nombr. grav. dans le texte et hors texte. 1 vol. in-folio, cart.

548. **Manuel** (E.). Pendant la Guerre, poésies. 1872. — Poèmes populaires. 1872. — E. des Essarts. Poèmes de la Révolution. 1879. — Poésies, par Jean Reboul. 1837. — L. Ménard. Poèmes. 1855. — Le Salon de 1848, précédé d'une lettre à Béranger par Thoré. 1845. — A. Mérat. Les Chimères. 1866. — E. Plouvier. Les Refrains du dimanche. — Z. Astruc. Les 14 stations du Salon. 1859. — Chants héroïques et chansons populaires des Slaves de Bohême. 1866. — Le Salon de 1846 précédé d'une lettre à George Sand. 1846. — Médéric Charot. Ma Première Gerbe. 1867. — Turpin de Sansay. Les Hypocrites. 1863. — E. de Girardin. L'Homme et la Femme. 1872 (2 exempl.). — Journal et correspondance de A.-M. Ampère. — Ensemble 16 vol. in-12, br.

    Envois autographes des auteurs à George Sand sur presque tous ces volumes.

549. **Manuscrits.** 1 lot de manuscrits divers.

550. **Manuscrits de Léonard de Vinci,** publiés en fac-simile avec transcription littérale, traduct. française, préface et table méthodique par M. Ch. Ravaisson-Mollien. *Paris, Quantin,* 1881-1889, 4 vol. in-folio, br.

551. **Manuscrit.** La Chanson de chaque métier, par Charles Poncy. *Toulon,* 1848, 1 vol. in-8, demi-rel. chag.

    Avec la dédicace : « A George Sand » imprimée sur le plat.

552. **Manuscrit.** Mémoires secrets pour servir à l'histoire de MM. les fermiers généraux depuis environ 1720 jusque vers 1750 avec une table des noms de MM. les fermiers généraux.

553. **Manuscrit.** Narration d'une excursion au Mont Saint-Bernard par Thévenin pour exécuter son tableau du Passage du Mont Saint-Bernard, avec une gravure du tableau, 1 vol. cart.

554. **Manuscrit** sur l'histoire ancienne. 1 vol. petit in-fol. cart.

555. **Marliani** (de). Histoire politique de l'Espagne moderne, suivie d'un aperçu sur les finances. *Paris, Gratiot,* 1840, 2 vol. in-8, demi-rel. toile.

556. **Mario Uchard**. La Flammina. *Paris, Lévy*, 1857, 1 vol. in-12, br.
   Envoi autographe de l'auteur à George Sand.

557. **Marivaux** (de). Le Paysan parvenu, ou les Mémoires de M***. *A Paris, chez Musier*, 1764, 8 tomes en 4 vol. in-12, rel. pl. v.

558. **Marot** (Clément). OEuvres. *La Haye, chez Moetjens*, 1700, 2 tomes rel. en 1 volume in-18.

559. **Marquessac** (baron H. de). Hospitaliers de Saint-Jean de Jérusalem en Guyenne depuis le XIIe siècle jusqu'en 1793; nombr. fig. *Bordeaux*, 1866, 1 vol. in-4, br.

560. **Martin** (Ernest). Histoire des monstres depuis l'antiquité jusqu'à nos jours. *Paris, Reinwald*, 1880, 1 vol. in-8, br.

561. **Martin** (Henri). Histoire de France. *Paris, Furne*, 1860, 17 vol. in-8, demi-rel.

562. **Martin** (Henri). Histoire de France depuis les temps les plus reculés jusqu'en 1789. *Paris, Furne*, 1855-1857, 7 vol. in-8, demi-rel. chag.
   Envoi autographe de l'auteur à George Sand. Manque les tomes 2 et 5.

563. **Martin** (H.). Histoire de France depuis les temps les plus reculés jusqu'en 1789. *Paris, Furne*, 1838-1854, 19 vol. in-8, demi-rel. chag.

564. **Martin** (H.). Histoire de France populaire. *Paris, Furne*, 4 vol. in-4, demi-rel.

565. **Maugras** (Gaston). Les Comédiens hors la loi. *Paris, Calmann Lévy*, 1887, 1 vol. — CASTIL-BLAZE. L'Opéra italien de 1548 à 1856. *Paris*, 1856, 1 vol. — P. POREL et G. MONVAL. L'Odéon, histoire administrative, anecdotique et littéraire du second théâtre français. 1782-1818. *Paris, Lemerre*, 1876, 1 vol. — Ensemble 3 vol. in-8, br.
   Envoi autographe de l'auteur à Maurice Sand sur 1 de ces volumes.

566. **Maupassant** (Guy de). Des Vers. *Paris, Charpentier*, 1880, 1 vol. in-12, br.
   Envoi autographe de l'auteur à Maurice Sand.

567. **Maupassant** (Guy de). La Maison Tellier. *Paris, Havard*, 1881, 1 vol. in-12, br.
   Envoi autographe de l'auteur à Maurice Sand.

568. **Maupassant** (Guy de). Au soleil. 1884. — Une Vie. 1883. — FLAUBERT. Bouvard et Pécuchet. 1881. — LEGENDRE. Beaucoup de bruit pour rien. 1887. — DESBORDES-VALMORE. Poésies. 1872. — CHAMPFLEURY. Les Chats. 1869. — STENDHAL. La Chartreuse de Parme. 1855. — Ensemble 7 vol. br.
   Envois d'auteur dans les deux volumes de Maupassant.

— 52 —

569. **Maupassant** (Guy de). Le Rosier de Mme Husson, illustrations par Habert Dys. *Paris*, 1888, 1 vol. in-8, br.

570. **Mazade** (Charles de). Deux Femmes de la Révolution. *Lévy*, 1866. — Mme Hortense de Méritens. Histoire de la république d'Athènes. 1866. — Mickiewicz. Histoire populaire de Pologne. 1867. — Hortense du Faÿ. Coup d'œil sur le mouvement européen de 1790 à 1814 justifiant l'invasion de 1808. *Paris, Janet*. — Moreau de Jonnès. La Prusse, son progrès politique et social. 1848. — Charles de Saint-Nexant. Des événements qui ont amené la fin du règne de Napoléon Ier. 1863. — Ensemble 6 vol. in-8, br. et reliés.
Envoi autographe de l'auteur à George Sand sur un de ces volumes.

571. **Mazzini** (André-Louis). De l'Italie dans ses rapports avec la liberté et la civilisation moderne. *Paris, Amyot*, 1847, 2 vol. in-8, demi-rel. toile.
Envoi autographe de l'auteur à George Sand.

572. **Mémoire** à consulter pour Pierre-Augustin Caron de Beaumarchais, accusé. 1 vol. in-4, rel. pl. v.

573. **Mémoires** de Frédéric baron de Trenck; port. et fig. *Strasbourg*, 1789, 3 vol. in-8, demi-rel. toile.

574. **Mémoires** de Monsieur L. Cardinal de Retz. *Nancy, Cusson*, 1717, 3 vol. in-12, demi-rel. v.

575. **Mémoires** de Monsieur L. conseiller d'État contenant l'Histoire des guerres civiles des années 1649 et suivantes, principalement celles de Guienne et autres provinces. 1729, 1 vol. in-12, rel. pl. v.

576. **Mémoires** du chevalier de Ravanne. *Londres, Cazin*, 4 vol. rel. en v.

577. **Mémoires** d'une Contemporaine, ou Souvenirs d'une jeune femme sur les principaux personnages de la République, du Consulat, de l'Empire, etc. *Paris, Ladvocat*, 1828, 8 vol. in-8, br.

578. **Mémoire** produit au Conseil d'État du roi par Trophime Gérard, comte de Lally.-Tolendal, dans l'instance en cassation de l'arrêt du 6 mai 1766 qui a condamné à mort le feu comte de Lally, son père. *Rouen*, 1779, 2 vol. in-4, br.

579. **Mémoires** secrets de M. le comte de Bussy-Rabutin. *Amsterdam, Gosse*, 1768, 2 vol. in-12, rel. pl. v.

580. **Mémoires** Turcs, fig., titre gravé. *Amsterdam*, 1776, 1 vol. in-12, rel. pl. v.

581. **Mendès** (Judith). Le Dragon impérial. *Paris, Lemerre*, 1869, 1 vol. in-12, br.
Envoi autographe de l'auteur à George Sand.

582. **Mendès** (Catulle). Philoméla, avec une eau-forte par Bracquemond. *Paris, Hetzel,* 1863, 1 vol. in-12.

Envoi autographe de l'auteur à George Sand.

583. **Mercey** (F.). Le Tyrol et le nord de l'Italie, ouvr. accompagné d'une carte et de 18 sujets de paysages et de costumes. *Paris, Paulin,* 1833, 2 tomes en 1 vol. in-8, demi-rel. toile.

Envoi autographe de l'auteur à George Sand.

584. **Méry**. La Guerre de Nizam. 1873. — Émile de Girardin. Émile. 1855. — Jamet-Massicault. Thibaud. 1870. — Jane Ayre. Une Victime. 1874. — Caliste de Langle. Les Cœurs vaillants. 1870. — Wesper. 1862. — Dasconaguerre. Les Échos du pas de Roland. 1867. — Un Amour du midi. 1860. — Boué de Villiers. Vierge et Prêtre. 1862. — Martyres d'amour. 1864. — Benjamin Dulac. Une Aurore boréale. 1863. — Favre. Le Robinson de la Tène. 1875. — Ensemble 12 vol. in-12, br.

Envois autographes des auteurs à George Sand sur plusieurs volumes.

585. **Meurice** (Paul). Césara. *Paris, Lévy,* 1869, 1 vol. in-12, br.

Exemplaire sur papier de Hollande avec envoi autographe de l'auteur à Georg Sand.

586. **Meurice** (Paul). La Vie nouvelle. *Paris, Librairie internationale,* 1867, 1 vol. in-8, br.

Envoi autographe de l'auteur à George Sand.

587. **Michelet**. Histoire romaine. *Paris, Hachette,* 1833, 2 vol. in-8, demi-rel. toile.

Manque le titre du tome I.

588. **Michelet** (J.). Du Prêtre, de la Femme, de la Famille. 1845. — Michelet et Quinet. Des Jésuites. *Hachette,* 1843. — Azaïs. Des Compensations dans les destinées humaines, 1809. — Dénonciation aux cours Royales relativement au système religieux et politique signalé dans le mémoire à consulter. *Paris, Dupont,* 1826. — Les Jésuites modernes par l'abbé de la Roche-Arnaud. *Dupont,* 1826. — L'abbé Théobald Mitraud. De la Nature des sociétés humaines. 1854. — Lamennais. Dante Alighieri. *Paulin,* 1855. — Le Livre du peuple. *Delloye,* 1838. — Hymnes de Synésius accompagnés d'un hymne au Christ. 1839. — Religion saint-simonienne. Morale, réunion générale de la famille. 1832. — Ensemble 10 vol. in-8, demi-rel.

Envois autographes des auteurs à George Sand sur quelques volumes.

589. **Michelet** (J.). La Régence. *Paris, Chamerot,* 1863. — Louis XV, 1724-1757. *Paris, Chamerot,* 1866. — Ensemble 2 vol. in-8, br.

590. **Michelet** (J.). Histoire de la Révolution française. *Paris, Chamerot,* 1847-1853, 7 vol. in-8, demi-rel. chag.

Envoi autographe de l'auteur à George Sand.

591. **Michelet** (J.). Réforme. *Paris, Chamerot*, 1855, 1 vol. in-8, demi-rel. chag.

592. **Michelet** (J.). Renaissance. *Paris, Chamerot*, 1855, 1 vol. in-8, demi-rel. chag.

593. **Michelet** (J.). La Ligue et Henri IV. *Paris, Chamerot*, 1856, 1 vol. in-8, demi-rel. chag.
    Envoi de l'auteur à George Sand.

594. **Michelet**. Guerres de religion. — Henri IV et Richelieu. — Richelieu et la Fronde. — Louis XIV et la révocation de l'édit de Nantes. — Louis XIV et le duc de Bourgogne. *Paris, Chamerot*, 1856-1862, 5 vol. in-8, demi-rel. chag.

600. **Michelet** (J.). Le Prêtre, la Femme et la Famille. 1861. — La Mer, 1861. — L'Amour, 1858. — E. PELLETAN. — Le Pasteur du désert, 1855. — LAURENT-PICHAT. Cartes sur table. 1855. — L. ULBACH. Écrivains et hommes de lettres. 1857. — BRILLAT-SAVARIN. Physiologie du goût. 1842. — LAMARTINE Geneviève, 1854. — POMMIER. La Dame au manteau rouge, 1862. — N. GOGOL. — Nouvelles russes. 1845. — Le Robinson Suisse, 1875. — GOETHE. Faust, 1811. — Ensemble 11 vol. in-12, demi-rel.
    Envois autographes des auteurs à George Sand sur plusieurs volumes.

601. **Michelet** (Mme). Mémoires d'une enfant. *Paris, Hachette*, 1867, 1 vol. in-12, br.

602. **Mickiewicz** (Adam). Conrad Wallenrod, légende historique d'après les chroniques de Lithuanie et de Prusse, avec grav. sur acier. *Paris*, 1866, 1 vol. gr. in-4, br.

603. **Mignet** (F.-A.). Histoire de la Révolution française, illustrée d'après Raffet et autres célèbres artistes. *Bruxelles*, 1839, 1 vol. gr. in-8, demi-rel. chag. avec coins.

604. **Mistral** (Frédéric). Mirèlo, pouémo prouvençau ; avec la traduction littérale en regard. *Avignon, Roumanille*, 1859, 1 vol. in-8, demi-rel. toile.
    Envoi autographe de l'auteur à George Sand.

605. **Modes**. 1853-1860, 2 vol. ; 1883-1886, 2 vol. et 2 albums.

606. **Molière**. Œuvres, fig. de Boucher. *A Paris, chez David*, 1760, 8 vol. in-12, rel. pl. v.

607. **Molière**. Œuvres complètes, revues avec soin sur toutes les éditions avec des notes et une notice par A. Martin ; ornées d'un portr. *Paris, Boulland*, 1831, 2 vol. in-12, rel. toile.

608. **Molière** (Œuvres de). Deuxième édition, publiée par L. Aimé Martin. *Paris, Lefèvre*, 1837, 4 vol. in-8, demi-rel.

609. **Molière.** Suite de trente et un dessins de Louis Leloir et 1 portr. gravés par Flameng, pour illustrer le théâtre de Molière.
   Tirage sur Chine.

610. **Monmerqué** (de) et **Paulin Paris.** Les Historiettes de Tallemant des Réaux. *Paris, Techener*, 1862, 6 vol. in-12, demi-rel.

611. **Monographie du château de Heidelberg** dessinée et gravée par Rodolphe Pfnor, accompagnée d'un texte historique et descriptif par Daniel Ramée. *Paris, Morel*, 1859, 1 vol. in-folio, demi-rel. maroq. avec coins.

612. **Monvel.** Frédégonde et Brunehaut, roman historique, front. *Londres*, 1775, 1 vol. in-8, rel. pl. v., tr. dor.

613. **Moreau de Jonnès** (A.-C.). Ethnogénie caucasienne. Recherches sur la formation et le lieu d'origine des peuples éthiopiens, chaldéens, syriens, etc. *Paris, Cherbuliez*, 1861, 1 vol. in-8, demi-rel. toile.

614. **Montaigne.** Essais, avec les notes de M. Coste. *A Londres, chez Jean Nourse*, 1769, 10 vol. in-12, rel. pl. v.

615. **Monteil** (Amans-Alexis). Histoire des Français des divers états aux cinq derniers siècles. *Paris, Coquebert*, 1840-1844, 10 vol. in-8, demi-rel. chag.

616. **Muller** (Eugène). La Mionette, gravure de Léopold Flameng. *Paris, Taride*, 1858, 1 vol. in-12, demi-rel. toile.
   Lettre autographe de l'auteur adressée à George Sand.

617. **Muller** (Eugène). Véronique. 1860. — La Divine Comédie de Dante Alighieri. 1841. — Mistress Trollopé. Mœurs domestiques des Américains. 1841. — Duvernet. La Canne de Mme Desrieux. 1862. — Poupin. Un Mariage entre mille. 1862. — About. Les Mariages de Paris. 1857. — Duvernet. Un Péché originel. 1859. — About. Maître Pierre. 1859. — G. Ferry. Scènes de la vie mexicaine. 1856. — A. de Bougy. La Luizina. 1852. — Fontaine. Confidences de la vingtième année. 1863. — Ensemble 11 vol. in-12, rel.
   Envois autographes des auteurs à George Sand sur plusieurs volumes.

618. **Muller** (Eugène). Madame Claude. *Paris, Hetzel*, 1861, 1 vol. in-12, demi-rel. toile.
   Envoi autographe de l'auteur à George Sand.

619. **Muller** (E.). La Forêt, son histoire, sa légende, sa vie, son rôle, ses habitants; gravures sur bois. *Paris, Ducrocq*, 1878, 1 vol. gr. in-8, demi-rel. chag. pl. toile, tr. dor.

620. **Musée du Louvre.** Modèles décoratifs d'après les dessins originaux des maîtres anciens, notices par M. Victor Champier. *Paris*, 1882, 1 vol. in-fol., en cart.

621. **Musset** (Alfred de). La Confession d'un enfant du siècle. *Paris, Bonnaire*, 1836, 2 vol. in-8, demi-rel. chag.
   Envoi autographe de l'auteur à George Sand.

622. **Musset** (Alfred). Poésies nouvelles. 1860. — Premières Poésies. 1859. — Contes. 1860. — Nouvelles, 1860. — Comédies et Proverbes. 2 vol. 1861. — Confession d'un enfant du siècle. 1861. — OEuvres posthumes. 1860. *Paris, Charpentier.* — Ens. 8 vol. in-12.

623. **Musset** (Paul de). Lui et Elle. 1877. — Forgues. Têtes fêlées. — Violeau. Amice du Guermeur. 1853. — Chants héroïques et chansons populaires des Slaves de Bohême. 1866. — Cadol. La Chère Madame. 1889. — Les Parents riches, 1885. — H. Sclafer. La Chasse et le Paysan. 1868. — Bentzon. La Vocation de Louise. 1873. Jourdan. Les Mauvais Ménages. 1859. — Édouard Drumont. La France juive. 2 vol. — Sacher-Masoch. La Pêcheuse d'âmes. Ensemble 12 vol. in-12, br.
   Envoi autographe des auteurs à George Sand sur plusieurs volumes.

624. **Muston** (Alexis). Histoire complète des Vaudois du Piémont et de leurs colonies, suivie d'une biographie. *Paris, Meyrueis*, 4 vol. in-12, rel. v.

625. **Nadar**. Histoires buissonnières. *Paris, Decaux*, 1 vol. in-12, br. — Mémoires du géant. *Paris, Dentu*, 1864, 1 vol. in-12, br. — Ensemble 2 vol.
   Envois autographes de l'auteur à George Sand sur ces 2 volumes.

626. **Napoléon** (Louis-Bonaparte). Des Idées napoléoniennes. *Paris, Paulin*, 1839, 1 vol. in-8, demi-rel. v.
   Envoi autographe de Louis-Napoléon à George Sand.

627. **Négrin** (Émile). Épîtres et poèmes. 1874, 1 vol. in-12, br.
   Envoi autographe de l'auteur à George Sand.

628. **Néricault-Destouches**. OEuvres dramatiques. *Paris*, 1774, 10 v. in-12, rel. pl. v. — OEuvres de Crébillon. *Paris, Herhan*, 1819, 3 vol. in-12, rel. pl. v. — Ensemble 13 vol.

629. **Neuville** (A. de). Croquis militaires. *Paris, Goupil*, 1 vol. in-folio, en carton.

630. **Nisard** (D.). Histoire de la littérature française. *Paris, Firmin Didot*, 1854-1857, 4 vol. in-8, br.
   Envoi autographe de l'auteur à George Sand.

631. **Nisard** (D.). Nîmes, gravures. *Paris, Desenne*, 1835, 1 vol. in-4, cart.

632. **Nodier** (Charles). Histoire du roi de Bohême et de ses sept châteaux. *Paris, Delangle frères*, 1830, 1 vol. in-8.
   Exemplaire sur chine, non rogné, couverture en satin. Très rare.

633. **Nodier** (Charles). Contes, eaux-fortes par Tony Johannot. *Paris, Hetzel*, 1846, 1 vol. in-8, cart. de l'éd.

634. **Nodier** (Charles). Contes. Eaux-fortes par Tony Johannot. *Paris, Magnin*, 1859, 1 vol. grand in-8, demi-rel.

635. **Noel** (Eugène). La Campagne. Paysages et paysans. *Rouen*, 1866, 1 vol. gr. in-8, br.

Envoi autographe de l'auteur à George Sand.

636. **Norvins** (de). Histoire de Napoléon, vignettes par Raffet. *Paris, Furne*, 1839, 1 vol. in-8, demi-rel.

637. **Norvins** (M. de). Histoire de Napoléon, illustrée par Raffet et Vernet. *Bruxelles*, 1841, 1 vol. gr. in-8, br.

638. **Nouveau** commentaire sur les coutumes des pays et duché du Berry, par G. Th. DE LA THAUMASSIÈRE. *Bourges*, 1701, 1 vol. pet. in-fol. rel. pl. en v.

639. **Nouvelle** Bibliothèque des romans par une Société des gens de lettres. *Paris, Maradan*, 1801-1802, 16 vol. in-12, br.

640. **Nouvelle Jérusalem** (la), revue religieuse et scientifique, du 21 mars 1838 au 20 mars 1847. 8 vol. in-8, br.

641. **Nouvelle** Méthode pour apprendre à dessiner sans maître, enrichi de cent vingt planches. *Paris, Jombert*, 1740, 1 vol. in-4, rel. pl. en v.

642. **Ohnet** (Georges). Les Dames de Croix-Mort, *Paris, Ollendorff*, 1886, 1 vol. in-12, br.

Exemplaire sur papier de Hollande.

643. **Ollivier**, poème. 1763, 2 vol. in-16, demi-rel. vélin.

644. **Opere** di Pietro Metastasio, portr. *Mantova*, 1816-1820, 20 vol. in-12, rel. pl. v.

Envoi autographe de M. Muratori à George Sand.

645. **Ordre des Francs-Maçons** (l') trahi et leur secret révélé. — Les Francs-maçons écrasés. *Amsterdam*, 1766. — L'Ordre des Francs-Maçons trahi et le secret des mopses révélé. *Amsterdam*, 1766. — CHEMIN-DUPONTÈS. Travaux maçonniques et philosophiques. 1819. — THUILEUR. Des 33 degrés de l'Écossisme, du rit ancien, dit accepté ; avec 14 pl. 1813. — Ensemble 5 vol.

647. **Orsini** (Virginie). Heures de l'enfance, poésies, nombr. illustr. *Paris, Delloye*, 1 vol. in-8, cart. de l'éditeur.

648. **Oulibicheff** (Alexandre). Nouvelle Biographie de Mozart, suivie d'un aperçu sur l'histoire générale de la musique et de l'analyse des principales œuvres de Mozart. *Moscou*, 1843, 3 vol. in-8, br.

649. **Ovide**. Les Amours, traduct. libre en vers français, suivi du Remède d'amour, imité d'Ovide, avec 4 grav. par Bouillard. *Paris Egron, an VII*, 1 vol. in-12, demi-rel. toile.

650. **Pagès** (Alphonse). Un Arrêt d'outre-tombe. *Paris*, 1868, 1 vol. in-12, br.

Envoi autographe de l'auteur à George Sand.

651. **Palustre** (Léon). La Renaissance en France, avec dessins et gravures sous la direction d'Eugène Sadoux. *Paris*, 1879-1881, 10 livraisons in-fol., br.

652. **Paris à l'eau-forte** illustré d'eaux-fortes, 27 livraisons. *Paris*, gr. in-8, br.

653. **Paris pittoresque**, rédigé par une Société d'hommes de lettres, sous la direction de G. Sarrut et Saint-Edme. *Paris, d'Urtubie*, 1837, 2 vol. in-8, demi-rel.

654. **Paris**, Versailles et les provinces au xviii° siècle ; anecdotes sur la vie de plusieurs ministres, évêques, hommes de lettres, etc., connus sous les règnes de Louis XV et de Louis XVI. *Paris, Le Normant*, 1809, 2 vol. in-8, demi-rel. toile.

655. **Pascal** (Blaise). Lettres provinciales, portrait. *Paris, Lefèvre*, 1819, 2 vol. in-8, rel. pl. v. marbré, tr. peigne.

656. **Pepé** (général). Mémoires sur les principaux événements politiques et militaires de l'Italie moderne. *Paris, Amyot*, 1847, 3 vol. in-8, demi-rel. toile.

Envoi autographe de l'auteur à George Sand.

657. **Perdiguier** (Agricol). Le Livre du compagnonnage. 1841, 2 vol. in-24. — Giraud. Réflexions philosophiques sur le compagnonnage et le tour de France. 1846. — Biographie de l'auteur du livre du compagnonnage. 1846. — Le Livre du compagnonnage. 1840. — Le Livre du compagnonnage. 1857, 2 vol. in-12. — Le Chansonnier du Tour de France. — Arnaud. Mémoires d'un compagnon du Tour de France. 1859. — Chovin. Le Conseiller des compagnons. 1860. — Question vitale sur le compagnonnage. 1861. — Wentz. Opuscules maçonniques. 1864. — Le Compagnonnage et l'Indépendance. 1858. — Simon. Étude historique et morale sur le compagnonnage. 1853. — Conseils d'un vieux compagnon à son fils prêt à partir pour faire son tour de France. 1844. — Le Monde maçonnique, revue fondée par L. Ulbach et F. Favre. 1858-1859, 11 livraisons. — Bailleul. Initiations aux anciens mystères des prêtres d'Égypte.

Envois autographes des auteurs à George Sand sur quelques volumes.

658. **Pères de l'Église** (les), traduits en français. Ouvrage publié par M. de Genoude et dédié à Mgr l'archevêque de Paris. *Paris, Sapia*, 1837-1841, 9 vol. in-8, demi-rel. chag.

659. **Perrault.** Contes ; dessins par Gustave Doré. *Paris, Hetzel*, 1 vol. in-fol., cart. de l'éditeur.

660. **Perrot et Chipiez.** Histoire de l'Art dans l'antiquité. *Paris, Hachette*, 1882, 3 vol. gr. in-8, br.

661. **Pétrone**, Apulée, Aulu-Gelle ; œuvres complètes, avec la traduction en français, publiées sous la direction de M. Nisard. *Paris, Dubochet*, 1842, 1 vol. gr. in-8, demi-rel. bas.

662. **Philibert** (Hippolyte). Les Iambes d'aujourd'hui. *Paris, Poulet-Malassis*, 1862, 1 vol. in-12, demi-rel. bas.
   Envoi autographe de l'auteur à George Sand.

663. **Physiologies-Aubert**, vignettes tirées de la physiologie du tailleur, dessins par Daumier, Gavarni et Trimolet, etc. 1 album pet. in-fol. demi-rel. chag. pl. toile.

664. **Pichot** (Amédée). Charles-Quint ; chronique de sa vie intérieure et de sa vie politique, de son abdication et de sa retraite dans le cloître de Yuste. *Paris, Furne*, 1854, 1 vol. in-8, demi-rel. v.

665. **Pictet** (Adolphe). Une Course à Chamounix, conte fantastique, avec 2 dessins-charges. *Paris, Duprat*, 1838, 1 vol. in-12, demi-rel. chag.
   Exemplaire de George sur papier rose.

666. **Piranesi** (Giambattista), architetto veneziano. Opere varie. *Roma*, 1750, 1 vol. gr. in-fol., cart. — Le Antichità romane. *Roma*, 1756, 4 vol. gr. in-fol., cart. — Ens. 5 vol.

667. **Planche** (Gustave). Salon de 1831, fig. *Paris, Pinard*, 1831, 1 vol. in-8, rel. pl. v., plats ornés, tr. dor.
   Envoi autographe de l'auteur à George Sand.

668. **Planche** (Gustave). Portraits littéraires. *Paris, Werdet*, 1836, 2 vol. in-8, br.
   Envoi autographe de l'auteur à George Sand.

669. **Platon.** Œuvres, traduites par Victor Cousin. *Paris, Bossange* 1822-1834, 7 vol. in-8, demi-rel. chag.
   Manque les tomes 7 et 8.

670. **Plaute.** Comédies nouvellement traduites en stile libre par M. Gueudeville ; enrichi d'estampes en taille-douce. *A Leide*, 1719, 10 vol. in-12, rel. pl. v.

671. **Plutarque.** Œuvres, traduites du grec par Amyot. *Paris, Janet*, 1818-1821, 25 vol. in-8, demi-rel. toile.

672. **Plutarque.** Les Vies des hommes illustres, traduites du grec avec notes par D. Ricard. *Paris, Lebigre*, 1832, 10 tomes en 5 vol. in-8, demi-rel. toile.

673. **Plutarque.** Œuvres complètes. Les Vies des hommes illustres, traduites en français par Talbot. *Paris, Hachette*, 1872, 4 vol. in-12, br.

674. **Poë** (Edgar). Histoires et nouvelles histoires extraordinaires, traduites par Ch. Baudelaire, grav. hors texte. *Paris*, 1884, 2 vol. in-8, br.

675. **Poésies** en patois du Dauphiné. Grenoblo Malhérou. Par Blanc, dit Lagoutte. Dessins de Rahault. Préface par George Sand. *Grenoble*, 1864, 1 vol. in-4, demi-rel. d'am.

676. **Poésies de maître Adam Billaut**, menuisier de Nevers, précédées d'une notice biographique et littéraire par M. Ferdinand Denis et accompagnées de notes par M. Ferdinand Wagnien, édition ornée de 8 portr. et de 2 vues du Nivernais. *Nevers*, 1842, 1 vol. in-8, demi-rel. chag.

677. **Poème du Cid**, texte espagnol accompagné d'une traduction française, de notes, d'un vocabulaire et d'une introduction par Damas-Hinard. *Paris, Imprimerie Impériale*, 1858, 1 vol. in-4, br.
Envoi autographe du traducteur à George Sand.

678. **Pogge.** Facéties, traduites en français avec le texte latin. *Paris, Liseux*, 1878, 2 vol. in-12, br.

679. **Polichinel**, ex-roi des Marionnettes, devenu philosophe; texte et dessins par A.-J. Lorentz. *Paris, Wilermy*, 1848, 1 vol. in-8, br.
Satire contre Louis-Philippe et son gouvernement, contenant un grand nombre de gravures sur bois très originales, avec envoi d'auteur à George Sand.

680. **Ponsard** (F.). Charlotte Corday, tragédie. *Paris, Blanchard*, 1850, 1 vol. in-8, br.
Envoi autographe de l'auteur à George Sand.

681. **Ponsard** (F.). Théâtre complet. *Paris, Lévy*, 1852, 1 vol. — Études antiques. *Paris, Lévy*, 1852, 1 vol. — Ensemble 2 vol. in-12, demi-rel. chag.
Envois autographes de l'auteur à George Sand sur ces deux volumes.

682. **Ponsard** (René). Les Échos du bord. *Paris, Poulet-Malassis*, 1862, 1 vol. in-12, br.
Envoi autographe de l'auteur à George Sand.

683. **Ponsard** (F.). Œuvres complètes. *Paris, Lévy*, 1865, 2 vol. in-8 br.

684. **Poncy** (C.). Le Chantier. 1844. — Manoelle. Sonnets et fantaisies. 1873. — Œuvres complètes du poète anonyme de la Pologne, 2 vol. 1869. — A. Silvestre. Rimes neuves et vieilles. 1866. — Chansons de Gustave Nadaud. 1857. — Alfred de Vigny. Poésies complètes. 1864. — L. Monrose. Petites Satires et menus propos. 1870. — A. Ruffin. Premiers Regards. 1868. — Augusta Coupey. Muse des enfants.

1875. — A. Creissels. Les Tendresses viriles. 1876. — Mme Toussaint. Épaves. 1870. — Pétœfi. Sandor. 1871. — L. Fouquet. Le Livre des ruines. 1873. — Varia : Souvenances de J. Canonge. 1869. — E. Collas. Fables et fantaisies. — Ensemble 17 volumes in-12, br.

<small>Envois autographes des auteurs à George Sand sur plusieurs volumes.</small>

685. **Pontavice de Heussey** (H. du). Études et aspirations, 2 vol. 1857-1859. — Poncy. Marines. 1842. — Mme Barutel. Fleurs d'été. 1873. — Mlle P. de Flaugergues. Les Bruyères. 1854. — Anna Rosenquest. Échos du cœur. 1873. — R. Lafagette. Chants d'un montagnard. 1869. — Mme A. Genton. Piccoline. 1864. — L. Salles. Les Amours de Pierre et de Léa. 1870. — P. Delair. Les Nuits et les réveils. 1870. — C. Poncy. Bouquet de marguerites, 1852. — Ensemble 11 vol. in-12, br.

<small>Envois autographes des auteurs à George Sand sur presque tous les volumes.</small>

686. **Prévost.** (l'abbé). Histoire du chevalier des Grieux et de Manon Lescaut. *Amsterdam, aux dépens de la Compagnie*, 1753, 2 vol. in-12, rel. en v.

687. **Promenades** dans les Vosges, souvenirs et paysages par Édouard de Bazelaire, sous les auspices de Charles Nodier. *Paris*, 1838, 1 vol. in-4, demi-rel.

688. **Promenades japonaises**, texte par E. Guimet, dessins d'après nature dont six aquarelles reproduites en couleur, par F. Régamey. *Paris, Charpentier*, 1878, 1 vol. in-4, demi-rel. am.

689. **Proth** (Mario). Au pays de l'Astrée. *Paris, Librairie internationale*, 1868, 1 vol. in-12, br.

<small>Envoi autographe de l'auteur à George Sand.</small>

690. **Puymaigre** (le comte Th. de). Les Vieux Auteurs castillans. *Paris, Didier*, 1861, 2 vol. in-12, br.

691. **Quatrains** (les) de Khèyam, traduits du persan, par J.-B. Nicolas. *Paris, Imprimerie Impériale*, 1867, 1 vol. gr. in-8, br.

<small>Envoi autographe du traducteur à George Sand.</small>

692. **Quinet** (Edgar). Prométhée. *Paris, Bonnaire*, 1838, 1 vol. in-8, br.
<small>Envoi autographe de l'auteur à George Sand.</small>

693. **Quinet** (E.). Les Révolutions d'Italie. *Paris, Chamerot*, 1848, 1 vol. in-8, demi-rel. chag.

693 *bis*. **Quinet** (Edgar). La Création. *Paris, Librairie internationale*, 1870, 2 vol. in-8, br.

694. **Rabelais** (François). Œuvres, fig. 1767, 3 vol. in-12, rel. pl. v. — Opuscules de Parny, fig. *Londres*, 1781, 1 vol. in-16, rel. pl. v., tr. dor. — Virgile. Les Géorgiques, portr. *Paris, Didot*, 1782, 1 vol. in-16, rel. pl. v., tr. dor. — Maximes et réflexions morales du

duc de La Rochefoucauld. *Amsterdam*, 1780, 1 vol. in-24, rel. pl. v., tr. dor. — Considérations sur les mœurs de ce siècle, portr. *Londres*, 1784, 1 vol. in-16, rel. pl. v., tr. dor. — Pensées morales de Confucius. *Paris, Didot*, 1782, 1 vol. in-16, rel. pl. v., tr. dor. — OEuvres choisies de Mme de Grafigny. *Londres*, 1783, 2 vol. in-16, rel. pl. v., tr. dor. — Ensemble 10 vol.

695. **Rabelais.** OEuvres de maître François Rabelais publiées sous le titre de Faits et dits du Géant Gargantua et de son fils Pantagruel, front., carte, pl. *Amsterdam*, 1711, 5 vol. in-12, rel. pl. v.

696. **Rabelais.** OEuvres. Édition variorum augmentée de pièces inédites des Songes drolatiques de Pantagruel, portr. et fig. par Devéria. *Paris, Dalibon*, 1823, 9 vol. in-8, demi-rel. v.

697. **Racine** (Jean). OEuvres, portr., fig. *Paris, Mame-Delaunay*, 1824, 5 vol. in-12, demi-rel. toile.

698. **Raffy.** Lectures d'histoire ancienne. *Paris*, 8 vol. in-12, br.

699. **Rahoult.** Dialogue des quatre commères. 1 vol. in-4, demi-rel. avec coins, tête dor,

700. **Ratisbonne** (L.). Les Figures jeunes. 1865. — Le Paradis perdu de Milton, traduct. de Jean de Dieu. 1864. — O. Pirmez. Feuillées, 1862. — Les Sept Infans de Lara, par F. Mallefille. 1836. Léo Burckart, par M. Gérard. 1839. — G. Salavy. Les Honnêtes Gens. 1870. — P.-J. Massé. Le Mariage d'inclination. 1844. — E. d'Anglemont. Roses de Noël. 1860. — Ensemble 8 vol. in-8, br.
   Envois autographes des auteurs à George Sand sur quelques volumes.

701. **Recherches** sur diverses éditions elzéviriennes, par Brunet. *Paris, Aubry*, 1866, 1 vol. in-12, br.

702. **Recueil** A B, par *** — C D. — E F. — G H. — I K. — L M. — N O. — P Q. — R S. — T V. — X Y. — Z. — 11 vol. in-12, rel. v.

703. **Recueil de chants historiques français** depuis le xiie jusqu'au xviiie siècle, avec des notices et une introduction, par Leroux de Lincy. *Paris, Gosselin*, 1841-1842, 2 vol. in-12, demi-rel. chag.

704. **Recueil précieux** de la maçonnerie adonhiramite. 1789. — La Vraie Maçonnerie d'adoption. 1787. — Origine de la Maçonnerie adonhiramite. 1787. — Caractères de Belzebuth. — De Joux. Ce que c'est que la franche-maçonnerie. — Ensemble 5 vol., br.

705. **Regnault** (Elias). Histoire de Napoléon, ouvr. orné de grav. sur acier, par Raffet et de Rudder. *Paris, Perrotin*, 1846, 4 vol. in-12, demi-rel. toile.

706. **Religion saint-simonienne.** Procès en la cour d'assises de la Seine, les 27 et 28 août 1832 ; portr. *Paris*, 1832, 1 vol. in-12, demi-rel. v.

— 63 —

707. **Renan**(Ernest). Essais de morale et de critique. *Paris, Lévy,*1860. — Le Cantique des Cantiques, traduit de l'hébreu. *Paris, Lévy,*1861. — Études d'histoire religieuse. *Paris, Lévy,* 1863. — De l'Origine du langage. *Paris, Lévy,* 1864. — Ensemble 4 vol. in-8, demi-rel. chag.

708. **Renan** (Ernest). Averroès et l'averroïsme, essai historique. *Paris, Lévy,* 1861, 1 vol. in-8, demi-rel. chag.

709. **Renan** (Ernest). Vie de Jésus. *Paris, Lévy,* 1863 (2 exempl.). — Saint Paul. *Paris, Lévy,* 1869. — Ensemble 3 vol. in-8, br.

710. **Renan** (Ernest). Les Apôtres. *Paris, Lévy,* 1866, 1 vol. in-8, br.
Envoi autographe de l'auteur à George Sand.

711. **Renan** (Ernest). L'Antechrist. *Paris, Lévy,* 1873. — Desages. De l'Extase, ou des miracles comme phénomènes naturels. 1866. — A. Vinet. Discours sur quelques sujets religieux, 1853 (2 exempl.). — Le Livre d'une mère. *Lévy,* 1875. — E. Pelletan. Profession de foi du xixe siècle. 1854. — De Lamennais. Troisièmes Mélanges. 1835. — L'Art et la Vie. 1866. — Ensemble 8 vol. in-8, br.
Envois autographes des auteurs à George Sand sur quelques volumes.

712. **Renan** (Ernest). Dialogues et fragments philosophiques. *Paris, Calmann Lévy,* 1876. 1 vol. — La Réforme intellectuelle et morale. *Paris, Lévy,* 1871, 1 vol. — Ensemble 2 vol. in-8, br.
Envoi autographe de l'auteur à George Sand sur un de ces volumes.

713. **Renouard** (Augustin-Charles). Traité des droits d'auteur dans la littérature, les sciences et les beaux-arts. *Paris, Renouard,* 1838-1839, 2 vol. in-8, demi-rel. v.

714. **Rétif de la Bretonne.** Le Paysan perverti, ou les Dangers de la ville. *La Haye,* 1776, 4 vol. in-12, rel. pl. v.

715. **Revue comique** à l'usage des gens sérieux. Dessins par MM. Bertall, Nadar, etc. *Paris, Dumineray,* 1848, 2 vol. in-4, rel. en 1 cart. de l'éd.

716. **Reynaud** (J.). Portraits contemporains. 1859. — E. Swedenborg. La Sagesse angélique sur la divine Providence. 1854. — La Sagesse angélique sur le divin Amour. 1851. — La Vraie Religion chrétienne. 1852. — Les Délices de la sagesse sur l'amour conjugal. 1855, tome II. — F. Godefroy. Prosateurs français du xixe siècle. 1870. — Mesdames les femmes et messieurs les hommes. 1859. — L. Duval. Cahiers de la Marche et assemblée de département de Guéret. 1873. — Essai sur la philosophie de la guerre, événements de 1870-1871. *Paris,* 1872. — L'Économie politique jugée par la science. 1874. — F. Maillard. Les Derniers Bohèmes. 1874. — A. Fleury. Études sur le génie des peintres italiens. 1845. — Mario Proth. Bonaparte. 1869. — Poètes français des xviie, xviiie et xixe siècles, par Godefroy. 1869. — Ensemble 15 vol. in-12, br.
Envois autographes des auteurs à George Sand sur quelques volumes.

717. **Rich** (Anthony). Dictionnaire des antiquités romaines et grecques accompagné de 2000 grav. trad. de l'anglais par Chéruel. *Paris, Didot,* 1859, 1 vol. in-8, cart. Bradel.

718. **Riccoboni** (Louis). Histoire du Théâtre-Italien depuis la décadence de la comédie latine, avec un catalogue des tragédies et comédies italiennes imprimées depuis l'an 1500 jusqu'à l'an 1660 et une dissertation sur la tragédie moderne; titre gravé, nombr. fig. 2 vol. in-8, demi-rel. bas.

719. **Richard** (Ch.). Les Lois de Dieu et l'esprit moderne. 1858. — Belmont. Harmonithéisme, nouvelle doctrine philosophique et religieuse. 1855. — L'Extinction du paupérisme réalisée par les enfants, par le docteur Savardan. 1860. — F. Pécaut. Le Christ et la conscience. 1859. — Théologie de la religion naturelle, par Vidal. 1859. — L.-A. Martin. Esprit moral du XIXe siècle. *Bruxelles,* 1855. — La Perpétuité de la morale humaine, par Gramaccini. 1850. — E. Richer. La Religion du bon sens pour servir d'exposé préliminaire à la doctrine de la nouvelle Jérusalem. 1860. — E. Richer. Mélanges. 1861. — Ensemble 9 vol. in-12, br.

Envois autographes des auteurs à George Sand sur quelques volumes.

720. **Richer.** Théâtre du monde; fig. de Moreau et de Marillier. *Paris, Saillant,* 1775, 2 vol. in-8, rel. pl. v. marbré, tr. dor.

721. **Ritter** (Henri). Histoire de la philosophie chrétienne, trad. de l'anglais par J. Trullard, 1843, 3 vol. in-8, demi-rel. chag.

722. **Rocquain** (Félix). Lucy Vernon. 1862. — Raoul Bravard. L'Honneur des femmes. 1860; — la Revanche de Georges Dandin. 1861. — Thabaud. L'abbé Lenoir. 1867. — Pechméja. Nouvelle. 1860. — Feutré. Une voix inconnue. 1864. — Gabriel Ferry. Les Révolutions du Mexique. 1864. — Charles de Lannemas. L'Idole de sable. 1867. — Louise Bader. Blanche Soravel. 1868. — Louis Bulot. Joseph Cluneau. — Mémoires posthumes d'Adam Mickiewicz. 1872. — Ensemble 11 vol. in-12, br.

Envois autographes des auteurs à George Sand sur 2 de ces volumes.

723. **Roland** (Mme). Mémoires avec une notice sur sa vie, des notes et des éclaircissements historiques, par MM. Berville et Barrière. *Paris, Baudoin,* 1827, 2 vol. in-8, demi-rel. toile.

724. **Roland** (Mme). Lettres autographes adressées à Bancal-des-Issarts publiées par Mme Henriette Bancal-des-Issarts, introduction par Sainte-Beuve. *Paris, Renduel,* 1835, 1 vol. in-8, demi-rel. toile.

725. **Roland furieux,** traduit de l'Arioste par le comte de Tressan, orné de 86 magnifiques gravures sur chine. *Paris, Ruel,* 2 vol. in-8, demi-rel.

726. **Rollin.** OEuvres complètes avec notes et éclaircissements sur les sciences, les arts, l'industrie et le commerce des anciens, par E. Bères, portr. *Paris, Hachette*, 1837-1841, 7 vol. in-8, demi-rel. v. (*piqûres*) et 1 vol. pet. in-folio br. d'atlas.

727. **Rollinat** (Maurice). Dans les Brandes; poëmes et rondels. *Paris, Sandoz*, 1877, 1 vol. in-12, br.
   Envoi autographe de l'auteur à Maurice Sand.

728. **Romans illustrés,** par Gavarni, Staal, Beaucé, etc., ayant paru en livraisons. — OEuvres d'Eugène Suë, Alphonse Karr, Boccace, Fenimore Cooper; le Panthéon des ouvriers. — Journal pour tous, etc. 26 vol. in-4, demi-rel. toile et 7 vol. in-4, br. — Ensemble 33 vol.

729. **Ronzières** (Alfred de). Le Rameau d'or. *Paris, Marescq*, 2 vol. in-8, br.
   Envoi autographe de l'auteur à George Sand.

730. **Roujoux** (de) et Alfred **Mainguet.** Histoire d'Angleterre depuis les temps les plus reculés jusqu'à nos jours, édition enrichie d'un grand nombre de grav. *Paris, Hingray*, 1847, 2 vol. gr. in-8, demi-rel. chag. pl. toile, tr. dor.

731. **Rousseau** (J.-J.). Discours sur l'origine et les fondemens de l'inégalité parmi les hommes, front. d'Eisen, fleuron sur le titre. *A Amsterdam, chez Marc-Michel Rey*, 1755, 1 vol. in-8, rel. pl. v. marbré.

732. **Rousseau** (J.-J.). Émile, ou l'Éducation, fig. d'Eisen. *Amsterdam, chez Jean Néaulme*, 1762, 4 vol. in-12, demi-rel. v.

733. **Roussau** (J.-J.). Julie, ou la Nouvelle Héloïse. Lettres de deux amans. *Amsterdam, chez Marc-Michel Rey*, 1790, 6 vol. — Les OEuvres choisies du Sr Rousseau, fig. *A Rotterdam, chez Fritsch*, 1719, 1 vol. — Ensemble 7 vol. in-12, rel. pl. v.

734. **Rousseau** (J.-J.). Émile, ou De l'Éducation, fig. d'Eisen. *A La Haye, chez Jean Néaulme*, 1762, 4 vol. pet. in-8, rel. pl. v. marbré.

735. **Rousseau** (J.-J.). OEuvres complètes mises dans un nouvel ordre avec des notes historiques et des éclaircissements, portr. *Paris, Dupont*, 1823-1825, 27 vol. in-8, demi-rel. bas.

736. **Rousseau.** Julie, ou la Nouvelle Héloïse, vignettes par Tony Johannot. *Paris, Barbier*, 1845, 2 vol. in-8, rel. en 1; cart. de l'éd.

737. **Roussel** (Napoléon). Les Nations catholiques et les nations protestantes, comparées sous le triple rapport du bien-être, des lumières et de la moralité. 1854, 2 vol. — Le Culte domestique pour tous les jours de l'année. 1854, 2 vol. — MARRET. Théodicée chrétienne. 1844. — A. BOST. Mémoires pouvant servir à l'histoire

du réveil religieux des églises protestantes de la Suisse et de la France. 1854-1855, 3 vol. — AMARD. Homme, Univers et Dieu. 1844, 2 vol. — Ensemble 10 vol. in-8, br.

738. **Royer** (Alphonse). Histoire universelle du théâtre. *Paris, Franck*, 1869, 2 vol. in-8, br.
Envoi autographe de l'auteur à George Sand.

739. **Rulhière** (Cl.). Histoire de l'anarchie de Pologne et du démembrement de cette République. *Paris, Desenne*, 1807, 4 vol. in-8, demi-rel. toile.

740. **Sacchetti** (Franco). Nouvelles choisies, trad. en français par Alcide Bonneau. *Paris, Liseux*, 1879, 1 vol. — Les Juvenilia de Théodore de Bèze, traduction par A. Machard. *Paris, Liseux*, 1879. — Ensemble 2 vol. in-16, br.

741. **Sainte-Beuve**. Volupté. *Paris, Renduel*, 1834, 2 vol. petit in-8, demi-rel. chag.
Envoi autographe de l'auteur à George Sand.

742. **Sainte-Beuve** (C.-A.). Port-Royal. *Renduel*, 1840, tome I. — DUVEYRIER. L'Avenir et les Bonaparte. 1864. — E. CHEVRIER. Les Éléments de la science politique. 1871. — Les Papillotos de Jasmin. 1842, tome II. — NADAUD. Histoire des classes ouvrières en Angleterre. 1872. — Choix de discours et de publications du prince Napoléon. 2 vol. — GYP. Bob au Salon de 1889. 1889. — E. ABOUT. Rome contemporaine. 1861. — DUVEYRIER. L'Avenir et les Bonaparte. 1864. — Annuaire de la Société des auteurs et compositeurs dramatiques. 1867. — BABAUD-LARIVIÈRE. Lettres charentaises. 1865. — Ensemble 12 vol. in-8, br.
Envois autographes des auteurs à George Sand sur quelques volumes.

743. **Sainte-Beuve** (C.-A.). Chateaubriand et son groupe littéraire sous l'Empire. *Paris, Garnier*, 1861, 2 vol. in-8, demi-rel. chag.
Envoi autographe de l'auteur à George Sand.

744. **Sainte-Beuve**. Vie, poésies et pensées de Joseph Delorme. 1 vol. — Les Consolations, pensées d'août. *Paris, Lévy*, 1863. — Ens. 2 vol., demi-rel.

745. **Sainte-Beuve** (C.-A.). Portraits contemporains. *Paris, Lévy*, 1869, 2 vol. in-12, br. — Causeries du lundi. *Paris, Garnier*, 1857-1858, 13 vol. in-12, demi-rel. chag. — Nouveaux Lundis. *Paris, Lévy*, 1864, 2 vol. in-12, br.
Envoi autographe de l'auteur à George Sand sur un de ces volumes.

746. **Sainte-Beuve** (C.-A.). Madame Desbordes-Valmore, sa vie et sa correspondance, *Paris, Lévy*, 1870, 1 vol. in-12, rel. pl. maroq., fil. sur les plats, dent. intér., tr. dor.

747. **Sainte-Beuve**. Lettres à la Princesse. *Paris, Lévy*, 1873, 1 vol. in-12, br.

748. **Saint-Foix**. Essai historique sur Paris. *Londres*, 1763, 7 vol. in-12, rel. pl. en v.

749. **Saint-Hilaire** (Émile Marco de). Souvenirs intimes de l'Empire; ilustr. *Paris, Fellens*, 1846, 3 vol. in-8, demi-rel. chag.

750. **Saint-Non** (Richard de). Voyage pittoresque ou description des royaumes de Naples et de Sicile; contenant de nombr. grav., cartes et plans. *Paris*, 1781-1786, 5 vol. gr. in-folio.
    Magnifique exemplaire relié en maroquin plein aux armes du maréchal de Saxe.

751. **Saint-Simon**. Mémoires de M. le duc de Saint-Simon, ou l'Observateur véridique sur le règne de Louis XIV et sur les premières époques des règnes suivants. *Paris, Buisson*, 1788, 3 vol. — Supplément aux Mémoires de M. le duc de Saint-Simon, copié fidèlement sur le manuscrit original. *Paris, Buisson*, 1789, 4 vol. — Ensemble 7 vol. in-8, demi-rel. toile.

752. **Saint-Victor** (Paul de). Hommes et Dieux, études d'histoire et de littérature. *Paris, Lévy*, 1867, 1 vol. in-8, br.
    Envoi autographe de l'auteur à George Sand.

753. **Samazeuilh** (J.-F.). Histoire de l'Agenais, du Condomois et du Bazadais. *Auch*, 1846, 2 vol. — Dorgan. Histoire politique, religieuse et littéraire des Landes. 1846. — Macédoine révolutionnaire, pour servir à l'histoire de nos jours. 1815. — Le baron d'Eckstein. De l'Espagne, considérations sur son passé, son présent, son avenir. 1836. — G. de Beaumont. L'Irlande sociale, politique et religieuse. 1840, 2 vol. — Marliani. L'Espagne et ses révolutions. 1833. — Ensemble 8 vol. in-8.
    Envoi autographe de G. de Beaumont à George Sand.

754. **Sand** (Maurice). Raoul de La Chastre; aventures de guerre et d'amour. *Paris, Lévy*, 1865, 1 vol. in-8, br.
    Exemplaire sur papier de Hollande avec envoi de l'auteur à sa mère.

755. **Sand** (George). Les Maîtres sonneurs. *Paris, A. Cadot*, 1853, 4 vol. in-8, br.
    Exemplaire sur papier de Hollande.

756. **Sand** (George). Mont-Revêche. *Paris, A. Cadot*, 1853, 4 vol. in-8, br.
    Exemplaire sur papier de Hollande.

757. **Sand** (George). Adriani. *Paris, A. Cadot*, 1854, 2 vol. in-8, br.
    Exemplaire sur papier de Hollande.

758. **Sand** (George). La Filleule. *Paris, A. Cadot*, 1853, 4 vol. in-8, br.
    Exemplaire sur papier de Hollande.

759. **Sand** (George). Piccinino, 2 vol. — La Confession d'une jeune fille. 1865, 4 vol. (2 exemplaires). — Ensemble 6 vol. in-12, br.
    Exemplaires sur papier de Hollande.

760. **Sand** (George). Le Château des Désertes. *Paris, Hetzel et Lecou,* 1854. — Horace. Paris. 1854. — Piccinino. 1855. — 4 vol. in-12, br.
   Exemplaires sur papier de Hollande.

761. **Sand** (George). Le Marquis de Villemer. *Paris, Lévy,* 1861. — Mont-Revêche. 1861. — La Famille de Germandre. 1862. — Tamaris. *Paris, Lévy,* 1862. — Valvèdre. *Paris, Lévy,* 1861. — 5 vol. in-12, br.
   Exemplaires sur papier de Hollande.

762. **Sand** (George). Le Meunier d'Angibault. *Paris, Hetzel,* 1853. — La dernière Aldini; Simon. 1855. — Mauprat; Metella. 1852. — Jeanne. 1852. — Le Château des Désertes; Isidora. 1854. — 5 vol. in-12, br.
   Exemplaires sur papier de Hollande.

763. **Sand** (George). Mauprat. *Paris, Perrotin,* 1843. — Lettres d'un voyageur. — Simon; l'Uscoque. — André, la Marquise, Lavinia; Metella; Mattea. Lelia, Spiridion; Leoni Leone; le Secrétaire intime; Les Sept cordes de la lyre; Gabriel. — La dernière Aldini; les Maîtres mosaïstes. — Horace. — Le Compagnon du tour de France. — Pauline; les Majorcains. Mélanges. — Ens. 13 vol. in-12, br.
   Exemplaires en grand papier.

764. **Sand** (George). Impressions littéraires. — La dernière Aldini; Simon. 1855. — Le Compagnon du tour de France. 1852. — Lettres d'un voyageur. 1857. — Evenor et Leucippe. 1861. — Théâtre de George Sand. 1860, 2 vol. — Ensemble 7 vol. in-12, br.
   Exemplaires sur papier de Hollande.

765. **Sand** (George). Mademoiselle La Quintinie. 1863. — Antonia. 1863. — 2 vol. in-12, br.
   Exemplaires sur papier de Hollande.

766. **Sand** (George). Evenor et Leucippe. 1861. — Autour de la table. — Ensemble 2 vol. in-12, br.
   Exemplaires sur papier de Hollande.

767. **Sand** (George). Mont-Revêche. 1861. (2 exempl.). — Constance Verrier. — La Famille de Germandre. 1862. — Ensemble 4 vol. in-12, br.
   Exemplaires sur papier de Hollande.

768. **Sand** (George). Autour de la table. *Paris, Dentu.* — Impressions littéraires. 2 vol. in-12, br.
   Sur papier de Hollande.

769. **Sand** (George). Indiana. 1838, 2 vol. — Valentine. 1838, 2 vol. — Lélia. 1839, 3 vol. — Le Secrétaire intime. 1837. — André. 1837. — La Marquise; Lavinia; Metella; Mattéa, 1837. — Jacques. 1837, 2 vol. — Leone Leoni. 1837. — Simon. 1838. — Lettres d'un voyageur, 1837, 2 vol. — Mauprat. 1837, 2 vol. — La Dernière Aldini. 1838. — Les Maîtres mosaïstes. 1838. — L'Uscoque. 1838. — Spiridion. 1839. —

Les Sept cordes de la lyre. 1840. — Gabriel. 1840. — Le Compagnon du tour de France. 1841, 2 vol. — Pauline. 1841. — Un hiver à Majorque. 1842. — Horace. 1842, 2 vol. — Consuelo. 1842, 4 vol. — La comtesse de Rudolstadt. 1844, 2 vol. — Jeanne. 1845, 2 vol. — Le Meunier d'Angibault. 1845, 2 vol. — Isidora. 1846, 2 vol. — Le Péché de M. Antoine. 1846, 3 vol. — La Mare au Diable. 1846. — Teverino. — Lucrezia Floriani. 1847. — Le Piccinino. 1847, 2 vol. — La Petite Fadette. 1849. — François le Champi. 1851. — Le Château des Désertes. 1851, 2 vol. — Mont-Revêche. 1853, 4 vol. — La Filleule. 1853, 4 vol. — Les Maîtres sonneurs. 1853, 4 vol. — Adrian. 1854, 2 vol. — Histoire de ma vie. 10 vol. 1854. — Evenor et Leucippe. 1856. — Ensemble 79 vol. in-8, demi-rel. chag.

Exemplaires sur papier de Hollande.

770. **Sand** (George). Le Marquis de Villemer, comédie. *Paris, Lévy*, 1864, 1 vol. in-8, br.

Première édition.

771. **Sand** (George). Comédies : Lucie. 1856. — Le Marquis de Villemer. 1864. — Les Beaux Messieurs de Bois-Doré. 1862. — Le Drac. 1865. — Le Pavé. 1862. — Molière. 1851. — Le Lis du Japon. 1866. — Les Don Juan de village. 1866. — Cadio. 1868. — Marguerite de Sainte-Gemme. 1859. — Françoise. 1856. — 11 plaq. in-12, br.

Premières éditions.

772. **Sand** (George). Comédies : Le Pavé. 1862 (2 exempl.) — Cadio. 1868 (3 exempl.) — Le Drac. 1865 (3 exempl.) — Les Beaux Messieurs de Bois-Doré. 1862. — Françoise. 1856. — Marguerite de Sainte-Gemme. 1859. — Ensemble 11 plaquettes in-12, br.

Premières éditions.

773. **Sand** (George). Cosima, ou la Haine dans l'amour. *Paris, Bonnaire*, 1840, 1 vol. in-8, br.

Envoi humoristique de l'auteur.

774. **Sand** (George). Les Vacances de Pandolphe. 1857. — Flaminio. 1854. — Le Pressoir. 1853. — Le Démon du foyer. 1852. — Les don Juan de village. 1866. — Claudie. 1851. — Molière. 1851. — Comme il vous plaira. 1856. — Lucie. 1856. — Cadio. 1868. — Maître Favilla. 1855. — Françoise. 1856. — Le Mariage de Victorine. 1851. — Ens. 13 pièces en premières éditions, plusieurs avec envois.

775. **Sand** (George). François le Champi, comédie. *Paris, Blanchard*, 1849, 1 vol. in-12, rel. pl. maroq., tr. dor.

Avec une page autographe de George Sand.

776. **Sand** (George). Evenor et Leucippe. *Paris, Garnier*, 1856, 3 vol. in-8, br.

Première édition.

777. **Sand** (George). L'Autre; comédie. *Paris, Lévy*, 1870, 1 vol. in-8, br.
Première édition.

778. **Sand** (George). Spiridion. *Paris, Bonnaire*, 1839, 1 vol. in-8, br.
Première édition.

779. **Sand** (George). Le Marquis de Villemer, comédie en 4 actes. *Paris*, 1864, 1 vol. in-12, br.
Envoi d'auteur.

780. **Sand** (George). Mauprat, drame. 1854. — Molière, drame. 1851. — Le Mariage de Victorine, comédie. 1851. — Maître Favilla, drame. 1855. — Ensemble 4 vol. in-12, rel. pl. maroq., tr. dor.

782. **Sand** (George). Consuelo, translated by Francis G. Shaw. *Boston*, 1846, 2 vol. in-8, cart.

783. **Sand** (George). Les Sept Cordes de la Lyre. 1840. — L'Uscoque. 1838. — Simon. 1836. — Ensemble 3 vol. dont 1 vol. in-8 et 2 vol. in-16.
Envoi de l'auteur sur un de ces volumes.

784. **Sand** (George). Le Pressoir, drame. 1853. — Flaminio, comédie. 1854. — Les Vacances de Pandolphe, comédie. 1852. — Le Démon du foyer, comédie. 1852. — Ensemble 4 vol. in-12, rel. pl. maroq., tr. dor.

785. **Sand** (George). Claudie, drame. 1851. — Françoise, comédie. 1856. — Lucie, comédie. 1856. — Comme il vous plaira, 1856. — Ensemble 4 vol. in-12, rel. pl. maroquin, tr. dor.

786. **Sand** (George). La Mare au Diable, édition enrichie de 17 illustr. composées et gravées à l'eau-forte par Ed. Rudaux. *Paris*, 1889, 1 vol. in-8, br.

787. **Sand** (George). Mauprat, illustré de 10 compositions par Le Blant. gravées à l'eau-forte, par Toussaint. *Paris*, 1886, 1 vol. in-8, br.

788. **Sand** (George). Flavie. — Adriani. 1857. — L'Homme de neige. 1859. 2 vol. — Le Péché de Monsieur Antoine. 1852. 2 vol. — Ensemble 6 vol. in-12, br.

789. **Sand** (George). La Marquise, suivie de la Fauvette du docteur. *Paris, Blanchard*, 1853, 1 vol. in-16, br.

790. **Sand** (George). Marielle, comédie. *Paris, Lecou*, 1851, 1 vol. in-8, demi-rel. bas.

791. **Sand** (George). Cadio. 1868. — Françoise. 1856. — Le Drac. 1865. — Le Mariage de Victorine. 1851. — Le Lis du Japon. 1866. — Les Beaux Messieurs de Bois-Doré. 1862. — Claudie. 1851. — Les Don Juan de village. 1866. — Le Démon du foyer. 1852. — Cosima, ou la Haine dans l'amour. 1840; comédies. — Ensemble 10 vol. dont 9 in-12 et 1 vol. in-8.

792. **Sand** (George). Simon. 1836. — La Dernière Aldini. 1838. — Un Hiver à Majorque. 1842. 2 vol. — Les Maîtres mosaïstes. 1838. — Ensemble 5 vol. in-8, demi-rel.

793. **Sand** (George). Le Diable aux champs. 1857. — La Daniella. 1857, 2 vol. — Les Dames-Vertes. — Les Beaux Messieurs de Bois-Doré, 2 vol. — L'Homme de neige. 1859, 2 vol. — Elle et Lui. 1859. Promenades autour d'un village. — Narcisse. 1859. — Flavie. — Jean de La Roche. 1860. — Constance Verier. 1860. — La Ville Noire. 1861. — Le Marquis de Villemer. 1861. — Valvèdre. 1861. — La Famille de Germandre. 1861. — Evenor et Leucippe. 1861. — Ensemble 19 vol. in-12, demi-rel. chag.

794. **Sand** (George), illustré par Tony Johannot. — Mauprat. — La Mare au Diable, André, la Noce de village, la Fauvette du docteur. Indiana, Melchior. — La Petite Fadette. — Les Maîtres mosaïstes; les Sauvages de Paris. — François le Champi. — Les Mississipiens. Le Compagnon du tour de France. — Le Péché de M. Antoine. — Jeanne. — Valentine. — Isidora, Aldo le Rimeur. — Teverino. — Gabriel. — Le Secrétaire intime; Georges de Guérin. — Le Meunier d'Angibault. — Leone Leoni. — Le Château des Désertes. — Jacques. — Horace. — Kourroglou. — Le Piccinino. — Jean Ziska. Simon. — Lelia. — L'Uscoque. — La Comtesse de Rudolstadt. — Voyage à Majorque. — Spiridion. — *Paris, Hetzel*, 1851. 1854, 31 fascicules gr. in-8, br.

795. **Sand** (George). OEuvres, illustrées par Tony Johannot et Maurice Sand. *Paris, Hetzel*, 35 fasc. et 6 vol. g. in-8, br.

796. **Sand** (George). Romans champêtres; — La Mare au Diable. — François le Champi. — Promenades autour d'un village. — La Petite Fadette. — La Fauvette du docteur André, illustr. de Tony Johannot. *Paris, Hachette*, 1860, 2 vol. in-8, demi-rel. chag.

797. **Sand** (George). Romans champêtres, illustrés par Tony Johannot. — La Petite Fadette. — La Fauvette du docteur André. *Paris, Hachette*, 1860, 1 vol. in-8, br.

798. **Sand** (George). Le Marquis de Villemer. *Paris, Lévy*, 1864, 1 vol., br.

799. **Sand** (George). L'Autre ; comédie. *Paris, Lévy*, 1870, 1 vol. in-8, br.
Envoi d'auteur.

800. **Sand** (George). Histoire du véritable Gribouille, vignettes par Maurice Sand, grav. de Delaville. *Paris, Blanchard*, 1851, 1 vol. in-8, demi-rel. chag., tr. dor.

801. **Sarcey** (Francisque). Le Nouveau Seigneur du village, suivi de Misères d'un fonctionnaire chinois et de Henri Perrier. *Paris, Charpentier*, 1862, 1 vol. in-12, br.
Première édition avec envoi autographe de l'auteur à George Sand.

802. **Sarcey** (Francisque). Le Mot et la Chose. *Paris, Lévy*, 1863, 1 vol. in-12, br.

Envoi autographe de l'auteur à George Sand.

803. **Sardou** (Victorien). Nos Intimes! 1862. — E. Meyer. Struensée. 1855. — Fanny Bianic et Albert Lacroix. La Chaîne éternelle. — F. Ponsard. La Bourse. 1856. — Paul Meurice. François les Bas-Bleus. 1863. — Les Deux Dianes. — Le Roi de Bohême. 1859. — Théâtre de Paul Meurice. Études et copies. 1864. — O. Lacroix. L'Amour et son train. 1855. — L. Bouilhet. Mademoiselle Aïssé. 1872. — E. Foussier et Ch. Edmond. La Baronne. 1871. — Emile Augier. Mme Caverlet. 1876. — A. Dumas fils. Un Père prodigue. 1859. — Ensemble 13 vol. in-12, br.

Envois autographes des auteurs à George Sand sur plusieurs volumes.

804. **Satyre Menippée** de la vertu du Catholicon d'Espagne et de la Tenue des Estats de Paris, augmentée de notes tirées des éditions du Puy et de Duchat, front. *Paris, Delangle*, 1824, 2 vol. in-8, demi-rel. v.

805. **Scarron**. Roman comique. *A Paris, chez les Libraires associés*, 1784, 3 vol. in-12, rel. pl. v.

806. **Schiller**. Œuvres dramatiques, traduites de l'allemand par M. H. Meyer, édition précédée d'une notice biographique et littéraire et ornée du portrait de Schiller, gravé sur acier. *Paris, Saintin*, 1837, 1 vol. in-8, rel. toile.

807. **Schiller**. Œuvres dramatiques, traduction de M. de Barante. *Paris, Didier*, 1863, 3 vol. in-8, br.

808. **Schœlcher** (Victor). Des Colonies françaises. Abolition immédiate de l'esclavage. — Colonies étrangères et Haïti, résultats de l'émancipation anglaise, 2 vol. *Paris, Pagnerre*, 1842-1843. — Ensemble 3 vol. in-8, demi-rel. toile.

Envoi autographe de l'auteur à George Sand sur un de ces volumes.

809. **Scott** (Walter). Œuvres, traduction Defauconpret, titres gravés et fleurons sur les titres. *Paris, Gosselin*, 1835, 30 vol. in-8, demi-rel. toile.

810. **Scribe** (Eugène). Théâtre. *Paris, Lévy*, 1856, 5 vol. in-12, demi-rel. toile.

811. **Sedaine**. Œuvres choisies. *Paris, Didot*, 1813, 3 vol. in-12, demi-rel. toile.

812. **Ségur** (le comte de). Mémoires ou souvenirs et anecdotes; portraits. *Paris, Eymery*, 1825, 3 vol. in-8, demi-rel. vélin.

813. **Sénancour** (de). Obermann, avec une préface de Sainte-Beuve. *Paris, Ledoux*, 1833, 2 tomes en 1 vol. in-8, rel. pl. v. avec fermoir.
>Exemplaire sur papier de Chine. Sur le titre on lit :
>... Comme si tous les hommes n'avaient point passé et tous passé en vain!... C'est l'oubli qui est le véritable linceul des morts; c'est celui qui serre le cœur; c'est le lendemain tranquille et la vie qui reprend son cours, sur la tombe à peine fermée. Signé : *Obermann et Indiana*.

814. **Sensier** (Alfred). Étude sur Georges Michel, portr. et fig. *Paris, Lemerre*, 1873, 1 vol. in-8, br.

815. **Sévigné** (Mme de). Recueil de lettres. *Paris, Cie des libraires*, 1774. — Lettres nouvelles. Lettres au c^{te} de Bussy-Rabutin. 1773. — Ens. 10 vol. in-12, rel. en v.

816. **Sévigné** (Mme de). Recueil des lettres *Paris, Bossange*, 1801, 10 vol. in-12, demi-rel.

817. **Sévigné** (Mme de). Recueil de lettres, portraits. *Paris, Bossange*, 1801, 10 vol. in-12, demi-rel.

818. **Shakspeare**. Œuvres complètes, traduites de l'anglais par Letourneur, édition revue et corrigée par F. Guizot. *A Paris, chez Ladvocat*, 1821, 13 vol. in-8, demi-rel. chag.

819. **Shakspeare** (W.). Dramatic works, with biographical memoir, portr. *Paris, Baudry*, 1830, 1 vol. in-8, demi-rel. v. avec coins; non rognés.

820. **Shakespeare**. Œuvres dramatiques traduites de l'anglais par Letourneur, édition précédée d'une notice biographique et littéraire, par M. H. Meyer; portr. *Paris, Lavigne*, 1836, 2 vol. in-8, rel. toile.

821. **Shakespeare** (W.). Œuvres complètes, traduites par François-Victor-Hugo. *Paris, Pagnerre*, 1859-1860, 7 vol. in-8, demi-rel. chag.

822. **Silvestre** (Th.). Histoire des artistes vivants, français et étrangers. Études d'après nature, ouvrage illustré de 10 portr. gravés sur acier. *Paris, Blanchard*, 1856, 1 vol. in-8; 1 exempl. br. et 1 exempl. relié.

823. **Silvestre** (Armand). Poésies. 1866-1874. *Paris, Charpentier*, 1875, 1 vol. in-12, br.
>Pièce de vers autographe de l'auteur, dédiée à George Sand.

824. **Silvestre** (Armand). Les Renaissances. *Paris, Lemerre*, 1870, 1 vol. in-12, br.
>Envoi autographe de l'auteur à George Sand.

825. **Silvestre** (Armand). Le Conte de l'Archer, avec aquarelles de Poirson, gravées par Gillot. *Paris, Lahure*, 1883, 1 vol. in-8, br.
>Exemplaire sur papier de Chine.

826. **Silvio Pellico**. Mémoires. Mes prisons, traduction nouvelle, vignettes par J. Coomans. *Bruxelles*, 1839, 1 vol. in-8, br.

827. **Silvio Pellico**. Mes Prisons, suivies du Discours sur les devoirs des hommes, traduction de M. Antoine de Latour, édit. illustr. par Tony Johannot. *Paris, Delahaye*, 1853, 1 vol. gr. in-8, cart. de l'éditeur.

828. **Simon** (C.-G.). Recherches critiques, analyses et citations relatives à la littérature de quelques peuples de l'Asie centrale et orientale. *Nantes*, 1847, 1 vol. in-8, demi-rel. toile.

Envoi autographe de l'auteur à George Sand.

829. **Sismondi** (Simonde de). Histoire des républiques italiennes du moyen âge. *Bruxelles*, 1838-1839, 8 vol. in-8, br.

830. **Souvestre** (E.). Au bord du lac. 1853. — Wilkies Collins. Sans nom. 1863. — Georges Ebers. La Fille du Pharaon. 1878, 2 vol. — Andersen. Nouveaux Contes. — Frédéric Soulié. Confession générale. 1858, 2 vol. — Armand Silvestre. Au Pays des souvenirs. 1887. — Mme L. Figuier. La Prédicante des Cévennes. 1864. — Ensemble 10 vol. in-12, br.

Envoi autographe de l'auteur à George Sand sur un de ces volumes.

831. **Souvestre** (É.). Le Foyer breton, traditions populaires; illustré par Tony Johannot, Leleu, Penguilly, etc., édité par Coquebert. 1 vol. in-8, br.

832. **Souvestre** (É.). Riche et Pauvre. *Paris, Charpentier*, 1836, 2 vol. in-8, br.

833. **Souvenirs de la Suisse**. 1 album de grav. oblong., cart. de l'éditeur.

834. **Souvenirs des Pyrénées**; vues dessinées d'après nature et lithog. par V. Petit. 1 vol. in-fol., demi-rel. bas.

835. **Spinoza**. Œuvres, traduites par Émile Saisset. 1842, 2 vol. — Œuvres de Leibniz, édition collationnée sur les meilleurs textes et précédée d'une introduction par M. A. Jacques. 1842, 2 vol. — Emerson. Les Représentants de l'humanité. 1863. — J. de Maistre. Du Pape. 1843. — La Douloureuse Passion de Notre-Seigneur J.-C., d'après les méditations d'Anne-Catherine Emmerich, traduite de l'allemand par M. de Cazalès. 1844. — Lettres et opuscules inédits de Leibniz. 1854. — Ensemble 8 vol. in-8 et in-12, demi-reliés.

836. **Spoelberch de Lovenjoul** (vicomte de). Histoire des œuvres de Théophile Gautier avec 4 portraits et 2 fac-simile d'autographes. *Paris, Charpentier*, 1887, 2 vol. in-8, br.

L'un des 400 exemplaires sur papier de Hollande.

837. **Staël** (Mme la baronne de). Considérations sur les principaux événements de la Révolution française; ouvrage posthume publié par M. le duc de Broglie et M. le baron de Staël. *Paris, Delaunay,* 1818, 3 vol. in-8, demi-rel. vélin.

838. **Staël-Holstein** (Mme de). Corinne, ou l'Italie. *Paris,* 1807, 2 vol. in-8, demi-rel. vélin.

839. **Stahl** (F.-J.). Scènes de la vie privée et publique des animaux, vignettes par Grandville. *Paris, Hetzel,* 1842, 1 vol. gr. in-8, rel. pl. maroq. doublé en satin et gardes en satin, tr. dor.

Gravures sur chine appliqué.

840. **Stanley** (H.-M.). A travers le Continent mystérieux, ouvr. trad. de l'anglais par Mme Loreau et contenant 9 cartes et 150 grav. *Paris, Hachette,* 1879, 2 vol. in-8, demi-rel. chag. pl. toile, tr. dor.

841. **Stendhal.** Vies de Haydn, de Mozart et de Métastase. 1831. — Fox. Histoire des deux derniers rois de la maison de Stuart. 1809. — Lettres du cardinal de Tencin. — Gentz. Vie de Marie Stuart, reine d'Ecosse. 1820. — Mémoires de Gœthe, trad. et précédés d'une introduction par H. Richelot. 1844. — Dargaud. Histoire de Marie Stuart. 1859. — Lanfrey. L'Église et les philosophes au xviiie siècle. 1855. — Ensemble 7 vol. demi-rel.

Envoi autographe de Dargaud à George Sand.

842. **Storia Fiorentina** di messer Benedetto Varchi; portr. *Milano,* 1803, 7 vol. in-8, demi-rel. toile.

843. **Streckeisen-Moultou.** J.-J. Rousseau, ses amis et ses ennemis, avec une introduction de M. J. Levallois, et appréciation critique de Sainte-Beuve. *Paris, Lévy,* 1865, 2 vol. in-8, br.

844. **Sue** (Eugène). Histoire de la marine française; fig. *Paris, Bonnaire,* 1835-1837, 5 vol. in-8, demi-rel. toile.

845. **Sue** (Eugène). Les Mystères de Paris. *Paris, Gosselin,* 1843, 5 vol. in-8, br.

Envoi autographe de l'auteur à George Sand.

846. **Sue** (Eugène). Les Mystères de Paris, nombr. illustr. *Paris, Gosselin,* 1843, 2 vol. in-8, br. — Les Misères des enfants trouvés, édition illustrée de grav. sur acier, 4 vol. in-8, br. — Les Mystères du peuple, ou Histoire d'une famille de prolétaires à travers les âges. 7 vol. in-8, br. — Ensemble 13 vol. in-8.

Envoi autographe de l'auteur à George Sand sur 1 vol. des Mystères de Paris.

847. **Sue** (Eugène). Les Fils de famille. 1861, 3 vol. — Humbert. Théâtre comique. 1880. — La Fête de Breluche. Les Tribulations de Poudrevec. Un jeune homme timide. 4 vol. — Star. 1854. —

Médéric Charot. Jacques Dumont. 1876. — Colombey. Histoire anecdotique du duel. — Jérôme Bugeaud. Jacquet-Jacques. 1863. — Colombey. L'Esprit des voleurs. 1862. — Les Crimes et les Peines. 1863. — Ensemble 13 vol. in-12, br.

<small>Envois autographes des auteurs à George Sand sur 2 de ces volumes.</small>

848. **Suétone.** Les Douze Césars, traduits avec des notes et des réflexions par M. de la Harpe. *Paris, Lacombe,* 1770, 2 vol. in-8, rel. pl. v.

849. **Suisse illustrée** (la). Descriptions et histoire de ses 22 cantons, par MM. le marquis Lullin de Chateauvieux, Le Près, Dubochet, Francini, etc.; ornée de jolies vues gravées sur acier, de costumes coloriés et d'une carte de la Suisse. *Paris, Didier,* 1851, 2 vol. in-4, cart. de l'éditeur, tr. dor.

850. **Supplice d'une femme** (le), avec une préface par Émile de Girardin. *Paris, Lévy,* 1865, 1 vol. in-8, br.

851. **Swédenborg** (Emmanuel). Arcanes célestes, ouvr. traduit par Le Boys des Guays. 1841-1854, 16 vol. in-8, br.

852. **Tabarin.** Œuvres complètes avec les rencontres, fantaisies et coq-à-l'âne facétieux du baron de Gratelard. *Paris, Jannet,* 1858, 2 vol. — Chansons de Gaultier Garguille, édition suivie des pièces relatives à ce farceur avec introduct. et notes par E. Fournier. *Paris, Jannet,* 1858. — Ancien Théâtre français, publié avec notes et éclaircissements par M. Viollet-le-Duc. *Paris, Jannet,* 1854-1855, 4 vol. — Ensemble 7 vol. in-16, cart. toile.

853. **Tableau des guerres** de la Révolution de 1792 à 1815, ouvr. accompagné de 20 cartes géographiques et orné de 30 portr. *Paris, Paulin,* 1838, 1 vol. in-8, cart.

854. **Tableau synchronique** et universel de la vie des peuples par M. l'abbé Augustin Michel. 1873, 1 vol. in-fol., demi-rel. toile.

855. **Tableaux de la civilisation** et de la vie seigneuriale en Allemagne dans la dernière période du moyen âge, d'après un manuscrit allemand du xv⁵ siècle. *Paris, Quantin,* 1885, 1 vol. in-fol., br.

856. **Tableaux** (les), suivis de l'histoire de Mlle de Syane et du comte de Marcy. *Amsterdam,* 1771, 1 vol. in-8, rel. pl. v.

857. **Tableaux topographiques,** pittoresques, physiques, historiques, moraux, politiques, littéraires de la Suisse. *Paris, Clousier*-1780, 2 vol. gr. in-fol., rel. pl. v. dont 1 vol. de texte et 1 vol. d'estampes.

858. **Taillandier** (Saint-René). Maurice de Saxe. 1865. — Vie du prince Potemkin, feld-maréchal, au service de Russie sous le règne de Catherine II. 1808. — De Saulcy. Les Campagnes de Jules César

dans les Gaules. 1862, 1ʳᵉ partie. — JEAN REYNAUD. Vie et correspondance de Merlin de Thionville. 1860. — REYNALD. Histoire politique et littéraire de la Restauration. 1863. — Ensemble 5 vol. in-8, br.

859. **Taine** (H.). Voyage aux eaux des Pyrénées, illustré de 65 vignettes sur bois par G. Doré. *Paris, Hachette*, 1855, 1 vol. in-12, br.

860. **Taine** (H.). Voyage en Italie. *Paris, Hachette*, 1866, 2 vol. in-8, br.

861. **Taine** (H.). Notes sur Paris. Vie et opinions de M. F.-T. Graindorge. 1867. — H. CAZALIS. Henri Regnault, sa vie et son œuvre. 1872. — JULIETTE LA MESSINE. Idées anti-proudhoniennes sur l'amour, la femme et le mariage. 1858. — BOUTMY. Philosophie de l'architecture en Grèce. 1870. — A. HOUSSAYE. Histoire du quarante-et-unième fauteuil de l'Académie française. 1856. — Z. ASTRUC. Les Quatorze stations du Salon. 1859. — MACAULAY. Histoire et critique. 1860. — H. TAINE. De l'Idéal dans l'art. 1867. — MARIO PROTH. Les Vagabonds. 1865. — FEUILLET DE CONCHES. Léopold Robert, sa vie, ses œuvres et sa correspondance. 1854. — Ensemble 10 vol. in-12, br.

Envois autographes des auteurs à George Sand sur quelques volumes.

862. **Taine** (H.). De l'Intelligence. *Paris, Hachette*, 1870, 2 vol. in-8, br.

863. **Taine** (H.). Notes sur l'Angleterre. *Hachette*, 1872. — E. RAMBERT. Écrivains nationaux. *Genève*, 1874. — MICHEL BRÉAL. Quelques mots sur l'instruction publique en France. 1872. — Des Nouveaux Devoirs de la conversation en France, pour compléter l'éducation primaire. 1876. — LEGOUVÉ. Conférences parisiennes. 1872. — E. SCHERER. Études sur la littérature contemporaine. 1866. — C. TRIVULCE DE BELGIOJOSO. Réflexions sur l'état actuel de l'Italie et sur son avenir. 1869. — A. MARTEAU. Le Droit prime la Force. 1876. — P. ALBERT. La Littérature française des origines au XVIIᵉ siècle. 1872. — F. GAUDIN. Du Rondeau, du triolet, du sonnet. 1870. — Ensemble 10 vol. in-12, br.

Envois autographes des auteurs à George Sand sur plusieurs volumes.

864. **Tangu et Félime**, poème en quatre chants par M. DE LA HARPE, figures de Marillier. *Paris, chez Pissot*, 1780, 1 vol. pet. in-8, rel. pl. en veau.

865. **Tasse** (le). Jérusalem délivrée; nouvelle traduction, avec figures de Gravelot, front. titre gravé. *Paris, Musier*, 1774, 2 vol. in-8, rel. pl. v. marbré. tr. dor.

866. **Tastu** (Mᵐᵉ Amable). Chroniques de France. *Paris, Delangle*, 1829, 1 vol. in-8.

867. **Théâtre à l'usage des jeunes** personnes. *Paris, Panckoucke*, 1779-1780, 4 vol. in-8, rel. pl. v. marbré.

868. **Théâtre de Clara Gazul,** comédienne espagnole. *Paris, Sautelet,* 1825, 1 vol. — Mosaïque, par l'auteur du Théâtre de Clara Gazul. *Paris, Fournier,* 1833, 1 vol. — Chronique du règne de Charles IX, par l'auteur du Théâtre de Clara Gazul. *Paris, Fournier,* 1832, 1 vol. — Ensemble 3 vol. in-8, demi-rel. v. avec coins, ébarbé.

869. **Théâtre des Grecs,** traduit par le P. Brumoy, édit. revue et augmentée d'un choix de fragments des poètes grecs, tragiques et comiques, par M. Raoul Rochette; nomb. fig. *Paris, Brissot-Thivars,* 1826, 16 vol. in-8, demi-rel. chag.

870. **Théâtre européen.** Nouvelle collection des chefs-d'œuvre des théâtres allemand, anglais, espagnol, danois, français, hollandais, etc., avec des notices et des notes par MM. Ampère, Berr, Campenon, etc. *Paris, Guérin,* 1835, 2 vol. in-8, demi-rel. v.

871. **Théâtre italien** (le) de Gherardi, ou le Recueil général de toutes les comédies et scènes françaises jouées par les comédiens italiens du roy, pendant tout le temps qu'ils ont été au service : enrichi d'estampes en taille-douce. *Paris, Cusson,* 1700, 6 vol. in-12, rel. pl. v.

872. **Theuriet** (André). Le Chemin des bois. *Paris, Lemerre,* 1867, 1 vol. in-12, br.
<small>Lettre autographe de l'auteur adressée à George Sand.</small>

873. **Thibaudeau** (A.-C.). La Bohème, roman historique. *Paris, Paulin,* 1834, 2 vol. in-8, br.

874. **Thiébault** (Dieudonné). Mes souvenirs de vingt ans de séjour à Berlin, ou Frédéric le Grand, sa famille, sa cour, son gouvernement, etc. *Paris, Buisson,* 1805, 5 vol. in-8, demi-rel. toile.

875. **Thierry** (Amédée). Histoire des Gaulois. 1862, 2 vol. — G. Ferry. Les Révolutions du Mexique. 1864. — Macaulay. Histoire et critique. — Lavallée. Jean Sans Peur. 1861. — Napoléon et ses détracteurs, par le prince Napoléon. 1887. — De Jancigny. Histoire de l'Inde ancienne et moderne. 1858. — Ensemble 7 vol. in-12, br.
<small>Envoi autographe du prince Napoléon à Maurice Sand.</small>

876. **Thierry** (Augustin). Les Œuvres complètes. *Paris, Jouvet,* 9 vol. in-12, br.

877. **Thiers** (A.). Histoire de la Révolution française, avec illustrations. *Paris, Furne,* 1838-1839, 10 vol. in-8, demi-rel. v.

878. **Thiers** (A.). Histoire de Law. 1858 (2 exempl.). — Mémoires du comte Miot de Melito. 1873. 3 vol. — Lettres inédites de la princesse Palatine, trad. par Rolland, 2 exempl. — Zurcher et Margollé. Histoire de la navigation. 1867. — Plauchut (Edmond). Les Quatre campagnes militaires de 1874. *Lévy,* 1875. — Jules Soury. Portraits de femmes. 1875. — V. Luro. Marguerite d'Angoulême, reine de Navarre, et la Renaissance. 1866. — Ensemble 11 vol. in-12, br.
<small>Envois autographes des auteurs à George Sand sur plusieurs volumes.</small>

879. **Thiers** (A.). Histoire du Consulat et de l'Empire. *Paris, Paulin*, 1845-1862, 20 vol. in-8, demi-rel. chag. et 1 atlas in-folio.

880. **Thucydide** et **Xénophon.** Œuvres complètes, avec notices biographiques par J.-A.-C. Buchon. *Paris, Desrez*, 1836, 1 vol. gr. in-8, demi-rel. toile.

881. **Thurot**. Manuel de l'histoire ancienne. 1836. — Mme de Maintenon peinte par elle-même. 1810. — Mémoires de Charles Barbaroux. 1827. — Mémoires de Caussidière. 1849, 2 vol. — Mme de Genlis. La Duchesse de La Vallière. 1804. — Vie du prince Eugène de Savoie; portr. 1810. — Exposé fidèle des raisons qui déterminèrent le roi Ferdinand VII à se rendre à Bayonne dans le mois d'avril 1808. *Bourges*. 1814. — Duvernet. Louis de Gonzague, duc de Nevers. 1870. — Ensemble 9 vol. in-8.

Envoi autographe de Duvernet à Maurice Sand.

882. **Tiroir du diable** (le). Paris et les Parisiens, mœurs et coutumes, caractères et portraits des habitants de Paris, par MM. de Balzac, Eugène Sue, George Sand, Stahl, etc., illustré de plus de 200 grav. sur bois dans le texte par Champin, Bertrand, d'Aubigny, Français. 1 vol. gr. in-8, demi-rel. chag.

883. **Tourguéneff** (Ivan). Nouvelles Scènes de la vie russe. — Une nichée de gentilshommes. 1862. — Dimitri Roudine. — Les Eaux printanières. — Terres vierges. — Mémoires d'un seigneur russe. 1869, 2 vol. — Les Reliques vivantes. — Une nichée de gentilshommes. 1862. — Ensemble 10 vol. in-12, br.

Envois autographes de l'auteur à George Sand sur presque tous ces volumes.

884. **Toussenel** (A.). L'Esprit des bêtes, vénerie française et zoologie passionnelle. *Paris*, 1847, 1 vol. in-8, demi-rel. toile.

885. **Trébutien** (G.-S.). Maurice de Guérin : reliquiæ, avec une étude biographique et littéraire par Sainte-Beuve. *Paris, Didier*, 1861, 2 vol. in-16, demi-rel. chag.

Envoi autographe de l'auteur à George Sand.

886. **Trébutien** (G.-S.). Maurice de Guérin : journal, lettres et poèmes, précédés d'une étude biographique et littéraire par M. Sainte-Beuve; portr. *Paris, Didier*, 1862, 1 vol. in-8, demi-rel. v.

887. **Trébutien**. Eugénie de Guérin : journal et lettres. *Paris, Didier*, 1862, 1 vol. in-8, demi-rel. v.

888. **Tristan** (Mme Flora). Pérégrinations d'un paria (1833-1834). *Paris, Bertrand*, 1838, 2 vol. in-8, br.

Envoi autographe de l'auteur à George Sand.

889. **Ulbach** (Louis). Louise Tardy. *Paris, Hetzel*, 1 vol. in-12, br.

Première édition avec envoi autographe de l'auteur à George Sand.

890. **Ulbach** (Louis). Le Parrain de Cendrillon. *Paris, Hetzel*, 1 vol. in-12, br.
   Première édition avec envoi autographe de l'auteur à George Sand.

891. **Ulbach** (Louis). M. et Mme Fernel. *Paris, Lévy*, 1860, 1 vol. in-12, demi-rel. toile.
   Lettre autographe de l'auteur.

892. **Ulbach** (Louis). Le Jardin du chanoine. *Paris, Librairie internationale*, 1866, 1 vol. in-8, br.
   Première édition avec envoi autographe de l'auteur à George Sand.

893. **Ulbach** (Louis). La Cocarde blanche (1814). *Paris, Librairie internationale*, 1868, 1 vol. in-12, br.
   Première édition avec envoi autographe de l'auteur à George Sand.

894. **Un coin** de la Bretagne pendant la Révolution. — Correspondance de Mme Andonyn de Pompery avec son cousin et Bernardin de Saint-Pierre. Introduction et notice par E. de Pompery, portraits et fac-similé. *Paris, Lemerre*, 1884, 2 vol. in-16, br.

895. **Une course à Chamounix** par... N'importe! 1840. — Lores. Raphaël et Margarita. — Caliste de Langle. Le Grillon. 1860. — Mlle Leroyer de Chantepie. Chroniques et légendes. 1870. — Dominique de Gourgues. 1868. — Notice biographique sur Mme la comtesse de Mulissac. 1872. — Ensemble 6 vol. in-8, br.
   Envois autographes des auteurs à George Sand sur 2 de ces volumes.

896. **Vacquerie** (Auguste). Jean Baudry. *Paris, Pagnerre*, 1863, 1 vol. — Le Fils. *Paris, Pagnerre*, 1866, 1 vol. — Tragaldabas. *Paris, Lévy*, 1875, 1 vol. — Ensemble 3 vol. in-8, br.
   Envois autographes de l'auteur à George Sand sur ces volumes.

897. **Vacquerie** (Auguste). Les Miettes de l'histoire. *Paris, Pagnerre*, 1863, 1 vol. in-8, br.
   Envoi autographe de l'auteur à George Sand.

898. **Vacquerie** (Auguste). Mes Premières années de Paris. *Paris, Lévy*, 1872, 1 vol. in-8, br.
   Envoi autographe de l'auteur à George Sand.

899. **Vacquerie** (Auguste). Aujourd'hui et demain. *Paris, Lévy*, 1875, 1 vol. in-12, br.
   Envoi autographe de l'auteur à George Sand.

900. **Valla** (Laurent). La Donation de Constantin. 1879. — Les Regrets de Joachim du Bellay. 1876. — Passevent parisien. 1875. — Contes de Voisenon. 1879. — La Civilité puérile par Erasme de Rotterdam. 1877. — Un Vieillard doit-il se marier. 1877. — Tacite. La Germanie. 1878. — La Conférence entre Luther et le diable au sujet de la messe. 1875. — Les Bains de Bade au xve siècle, par Pogge. 1876. — La Foire de Francfort, par Henri Estienne. 1875. *Paris, Liseux*. — Ensemble 10 vol. in-16, br.

901. **Vallès** (Jules). Jacques Vingtras. L'Enfant; édition illustrée de 12 eaux-fortes par Renouard. *Paris*, 1884, 1 vol. in-8, br.
L'un des 100 exemplaires sur papier du Japon.

902. **Vatout** (J.). Le Palais de Fontainebleau, son histoire et sa description. *Paris, Didier*, 1852, 1 vol. in-8, demi-rel. toile.

903. **Vaulabelle** (Achille de). Chute de l'Empire. Histoire des deux Restaurations jusqu'à la chute de Charles IX. *Paris, Perrotin*, 1847, 4 vol. in-8, demi-rel. toile.

904. **Verne** (Jules). Voyage au centre de la Terre. *Paris, Hetzel*, 1 vol. in-12, br.
Envoi autographe de l'auteur à George Sand.

905. **Verne** (Jules). Les Indes Noires, gravures. *Paris, Hetzel*. — Une ville flottante; Les Forceurs de blocus; Aventures de trois Russes et de trois Anglais, grav. *Paris, Hetzel*, 1872. — P. DU CHAILLU. Nouvelles Aventures de chasse et de voyage chez les sauvages, grav. *Paris, Lévy*, 1875. — Ensemble 3 vol. in-8, cart. des éditeurs.

906. **Véron** (L.). Cinq cent mille francs de rente, roman de mœurs. *Paris, Librairie nouvelle*, 1855, 2 vol. in-8, br.
Envoi autographe de l'auteur à George Sand.

907. **Véron** (docteur L.). Mémoires d'un bourgeois de Paris. *Paris, De Gonet*, 1853-1855, 6 vol. in-8, demi-rel. toile.

908. **Viardot** (Louis). Histoire des Arabes et des Mores d'Espagne. *Paris, Paguerre*, 1851, 2 vol. in-8, demi-rel. toile.
Envoi autographe de l'auteur à George Sand.

909. **Viardot** (L.). Les Musées d'Espagne, d'Angleterre et de Belgique. 1843. — Les Musées d'Italie. 1842. — Les Musées d'Allemagne et de Russie. 1844. — A. COQUEREL fils. Des Premières Transformations historiques du christianisme. 1866. — Dr J. MASSÉ. Lettres de la santé des femmes. 1856. — MACÉ. Histoire d'une bouchée de pain. — E. LAURENT. Etudes sur les sociétés de prévoyance ou de secours mutuels. 1856. — LAUGEL. Les Problèmes de la nature. 1864. — Les Problèmes de l'âme. 1868. — ABOUT. L'Assurance. 1866. — Le Hachych. 1843. — La Conscience et la Foi. 1867. — ALLAN KARDEC. Le Livre des Esprits. 1863. — Le Livre des Médiums. 1863. — Enseignements spirites. 6 plaq. — Qu'est-ce que le spiritisme. 1863. — Ensemble 15 vol. et 6 plaq. in-12, br.

910. **Vico**. La Science nouvelle, traduite par l'auteur de l'Essai sur la formation du dogme catholique. *Renouard*, 1844. — Supplément au recueil des lettres de M. de Voltaire. 1808. 2 vol. — ARISTOTE. La Politique, traduction de Champagne, revue et corrigée par M. Hœfer. L'Économique; lettre à Alexandre sur le monde. *Lefèvre*, 1843. — A. SCHOPENHAUER. Pensées et fragments, traduits

par J. Bourdeau. 1881. — Barthélemy-Saint-Hilaire. Le Bouddha et sa religion. 1862. — Mably. Théories sociales et politiques avec une introduction et des notes par P. Rochery. 1849. — Parchappe. Galilée ; sa vie, ses découvertes et ses travaux. 1866. — Considérations sur l'esprit et les mœurs. *Londres*, 1787. — Ensemble 9 vol. dont 4 br. et 5 reliés.

911. **Victor Hugo** raconté par un témoin de sa vie. *Paris, Librairie internationale*, 1863, 2 vol. in-8, br.

Envoi autographe de l'auteur à George Sand.

912. **Vie de Benvenuto Cellini** (la), écrite par lui-même, traduct. L. Leclanché, illustrée de 9 eaux-fortes par Laguillermie et de reproductions des œuvres du maître. *Paris*, 1881, 1 vol. in-8, br.

913. **Vie de Victor Alfieri**, écrite par lui-même. *Paris, Nicolle*, 1809, 2 vol. in-8, demi-rel. toile.

914. **Vie politique** de tous les députés à la Convention nationale pendant la Révolution. 1814. — Ch. Collé. Journal historique. 1805. — Ensemble 2 vol. in-8, demi-rel. v.

915. **Vie des Peintres.** Teniers. — Van Dyck. — Wouwerman. — Rembrandt. — Rubens, etc. 1 vol. grand in-folio cart.

916. **Villars** (P.). L'Angleterre, l'Écosse et l'Irlande, avec 4 cartes en couleur et 600 grav. 1 vol. gr. in-8, br.

917. **Ville-Dieu.** Œuvres de Mme de Ville-Dieu. *Paris*, 1721, 11 vol. in-12, rel. pl. v.

Manque le tome II.

918. **Villemain.** Cours de littérature ; portr. *Paris, Pichon et Didier*, 1828, 4 vol. in-8, br.

920. **Villot** (Frédéric). Hall, célèbre miniaturiste du XVIIIe siècle, sa vie, ses œuvres, sa correspondance. *Paris*, 1867, 1 vol. in-8, br.

Ouvrage tiré à 130 exemplaires avec une lettre autographe de l'auteur à George Sand.

921. **Villiaumé.** Histoire de la Révolution française (1789). *Paris, Lévy*, 1850, 4 vol. in-8, demi-rel. bas.

Envoi autographe de l'auteur à George Sand.

922. **Vogüé** (vicomte Eugène Melchior de). Histoires d'hiver. *Paris, Lévy*, 1885, 1 vol. in-12, br.

Avec la suite de gravures éditée par Conquet.

923. **Voisin** (Félix). Analyse de l'entendement humain, ouvr. suivi d'un mémoire sur l'abolition de la peine de mort. *Paris, Baillière*, 1858, 1 vol. — Nouvelle Loi morale et religieuse de l'humanité, analyse des sentiments moraux. *Paris, Baillière*, 1862, 1 vol. — Ensemble 2 vol. in-8, br.

Envois autographes de l'auteur à George Sand sur ces 2 volumes.

924. **Voltaire**. Lettres inédites recueillies par M. de Cayrol et annotées par M. Alphonse François, précédées d'une préface de M. Saint-Marc de Girardin. *Paris, Didier*, 1857, 2 vol. in-8, br.

925. **Voltaire**. OEuvres complètes ; portr. *Paris, de l'imprimerie de la Société typographique*, 1785, 69 vol. in-8, rel. pl. v. marbré.

926. **Voltaire**. La Henriade, édition dédiée à S. A. R. Monsieur. *Paris, Didot*, 1819, 1 vol. in-folio, demi-rel. toile.

927. **Voltaire**. La Pucelle d'Orléans, nombr. en-têtes. *Rouen, Lemonnyer*, 1880, 2 vol. in-16, br.

928. **Voyage où il vous plaira**, par TONY JOHANNOT, ALFRED DE MUSSET et P.-J. STAHL. *Paris, Hetzel*, 1843, 1 vol. gr. in-8, cart. de l'éditeur.

929. **Voyage où il vous plaira**, par TONY JOHANNOT, ALFRED DE MUSSET et STAHL. *Paris, Hetzel*, 1843, 1 vol. in-8, demi-rel.

930. **Voyage pittoresque de la Grèce**. Nombr. gravures. *Paris*, 1782, 1 vol. gr. in-folio.
   Reliure en maroquin plein, aux armes du maréchal de Saxe.

931. **Vues** de Moscou et de Saint-Pétersbourg, nomb. grav. sur acier. 1 vol. in-12, oblong, jolie rel. pl.

932. **Vues et Monuments** du département de l'Indre, par Verdot, photographe à Châteauroux. 1874, in-fol.

933. **Walter Scott** (sir). Marmion a tale of Flodden field. Texte illustré de gravures sur acier et sur bois. *Edinburgh*, 1804, 1 vol. in-8, cart.

934. **Wanderings by the Loire**, by LEITCH RITCHIE, with 21 engravings from drawings by J. M. W. Turner. *London*, 1833, 1 vol. in-8, rel. (Envoi de Gustave Planche.) — Bob-Thin, or the poorhouse fugitive, by W. J. LINTON. Illustrated by T. Sibson-Scott-Duncan and Linton. 1845. 1 plaq. in-8, cart. (Envoi d'auteur.) — Keepsake for 1830. *London*, with engravings, 1 vol. in-12, cart. — Ens. 3 vol.

935. **Witt** (Mme de). Scènes historiques grav. *Paris, Hachette*, 1879, 2 vol. — SAINTINE. La Nature et ses trois règnes, causeries et contes d'un bon papa sur l'histoire naturelle. *Paris, Hachette*, 1874. — Ensemble 3 vol. in-8, cart. de l'éditeur.

936. **Wordsworth** (William). The poetical works ; portr. front. *London*, 1845, 1 vol. in-8, rel. toile.

937. **Zola** (Émile). Son Excellence Rougon. *Paris, Charpentier*, 1876, 1 vol. in-12, br.
   Première édition avec envoi autographe de l'auteur à George Sand.

938. **Zola** (Émile). L'Œuvre. *Paris, Charpentier*, 1886, 1 vol. in-12, br.
Première édition.

939. **Zola** (Émile). Contes à Ninon. 1880. — Ferdinand Fabre. Julien Savignac. 1863. — Mme de Saman. Gertrude. 1874. — Dickens. Le Neveu de ma tante. 1863, 2 vol. — Marc Monnier. Le Roman de Gaston Renaud. 1884. — Alexandre Dumas fils. L'Homme-Femme. 1872. — Poe. Histoires extraordinaires. — Mme Clésinger-Sand. Jacques Bruneau. 1870. — Méry. Les Nuits parisiennes. 1860. — Forgues. Sans nom. — Jules Sandeau. Un Héritage. 1866. — Chefs-d'œuvre dramatiques de A. Ostrovsky. — Deux Amours éternisés. — Ensemble 14 vol. in-12, br.
Envois autographes des auteurs sur 2 de ces volumes.

PUBLICATIONS PÉRIODIQUES

940. **Carillon** (le), journal hebdomadaire illustré. *Paris*, 1879-1882, 2 vol. in-fol., demi-rel. toile.

941. **Charges et Actualités**, journaux hebdomadaires illustrés. 1866-1868, 7 vol. in-fol.. rel. toile.

942. **Charivari** (le). 1841-1842-1843-1848. 6 vol. pet. in-fol., demi-rel. toile.

943. **Don Quichotte**, journal hebdomadaire illustré. Rédacteur en chef, Gilbert-Martin. *Bordeaux*, 1874-1886, 7 vol. in-fol. demi-rel. toile.

944. **Gazette de France**. 1819-1820, 1 vol. in-fol. demi-rel. vélin.

945. **Grelot** (le), journal hebdomadaire illustré. 1879-1886, 4 vol. in-fol., demi-rel. toile.

946. **Illustration** (l'), journal illustré. *Paris, Dubochet*, 1843-1859, 34 tomes en 17 vol. et 1867-1872, 6 vol. — Ensemble 23 vol. pet. in-fol., demi-rel. toile.

947. **Lune** (la), journal hebdomadaire illustré, 1867. — L'Éclipse, journal hebdomadaire illustré. 1868-1869, 1 vol. in-fol., demi-rel. toile.

948. **Lune Rousse** (la), journal hebdomadaire illustré. 1879-1881, 1 vol. in-fol., demi-rel. chag.

949. **Nouvelle Lune** (la), journal hebdomaire illustré. 1882-1886, 2 vol. in-fol., demi-rel. toile.

950. **Magasin pittoresque**, publié sous la direction de MM. Euryale Cazeaux et Édouard Charton. *Paris*, 1833-1875, 39 vol. in-4, demi-rel. chag., 4 vol. br., et 1 vol. de table, 1833-1852. — Ensemble 44 vol.

950 *bis*. Le même. *Paris*, 1883, 33 vol. rel.

951. **Pays** (le), 1852-1854, 6 vol. — Courrier de Paris. 1857, 2 vol. — Le Temps. 1871-1873, 8 vol. — Le Peuple. 1848, 1 vol. — La Presse. 1848-1857, 16 vol. — Journal des Débats. 1848-1870, 12 vol. L'Opinion Nationale. 1867, 2 vol. — Moniteur Universel. 1870-1871, 1 vol. — La République. 1848, 1 vol. — Echo de l'Indre. 1869-1874, 2 vol. — Divers journaux de 1848. 2 vol. — Divers journaux de 1871. 1 vol. — La Réforme. 1848, 2 vol. — Le Mousquetaire. 1854, 2 vol. — La Liberté. 1870-1871, 2 vol. — Ensemble 60 vol. in-folio, demi-rel. toile.

952. **Revue des Deux Mondes**, du 1er janvier 1833 au 15 décembre 1889 inclus., 190 vol. in-8, demi-rel. bas.; 437 livraisons br. et 2 vol. de table pour les années de 1831 à 1885.

<small>Manque les livraisons des 1er mars 1842 et 15 mars 1847.</small>

953. **Revue des Deux Mondes**, années 1878 et 1879. Année 1880, jusqu'au 15 octobre compris (20 livraisons). 1 livraison 1861. — 1 livr. 1864; 2 livr. 1866; 1 livr. 1867 — 2 livr. 1881; 1 livr. 1878; 1 livr. 1882; 1 livr. 1884; 3 livr. 1850.

954. **Revue de Paris**. *Paris*, 1855-1858, 18 vol. in-8, demi-rel. toile et 6 vol. br. pour les années 1830, 1832, 1834 et 1835.

<small>6 livraisons en double.</small>

955. **Revue française**. *Paris*, 1855-1857, 11 vol. in-8, br.

956. **Revue indépendante** (la), publiée par Pierre Leroux, George Sand et Louis Viardot. *Paris*, 1841-1846, 24 vol. in-8, br.

957. **Titi** (le), l'Etrille, la Jeune Garde, la Comédie politique, journaux hebdomadaires illustrés de 1879-1880. 1 vol. in-folio, demi-rel. toile.

SCIENCES DIVERSES

958. **Anville** (d'). Géographie ancienne abrégée. *A Paris, chez Merlin*, 1769, 1 vol. in-folio, rel. pl. v. écaillé.

959. **Arago** (François). Astronomie populaire, publiée d'après son ordre sous la direction de M. Barral, fig.; œuvre posthume. *Paris, Baudry*, 1854-1855, 2 vol. demi-rel. chag. — BAILLY. Histoire de l'astronomie ancienne et moderne. *Paris, Bernard*, 1805, 2 vol. rel. pl. v. — Astronomie enseignée en 22 leçons, ouvr. trad. de l'anglais. 1836. — Les Fondateurs de l'astronomie moderne, par Joseph Bertrand. *Paris, Hetzel*, 1 vol. br. — Ensemble 6 vol. in-8.

960. **Archiac** (A. d'). Histoire des progrès de la géologie de 1834 à 1855, publiée par la Société géologique de France : Formation jurassique ; pl. *Paris*, 1856-1857, 2 vol. in-8, br.

961. **L'Art de la terre** chez les Poitevins, suivi d'une étude sur l'ancienneté de la fabrication du verre en Poitou. Par BENJAMIN FILLON. *Niort*, 1864, 1 vol. in-4, rel. Bradel; planches.

Envoi d'auteur à Mme George Sand.

962. **Atlas** complet du précis de la géographie universelle de Malte-Brun. *Paris, V^{ce} Le Normant*, 1837, 1 vol. in-folio, demi-rel. bas.

963. **Aure** (v^{te} d'). De l'Industrie chevaline en France et des moyens pratiques d'en assurer la prospérité. *Paris, Léautey*, 1843, 1 vol. in-8, demi-rel. toile.

964. **Aure** (v^{te} d'). Traité d'équitation suivi d'un appendice sur le jeune cheval; fig. *Paris, Leneveu*, 1844, 1 vol. in-8, demi-rel. toile.

965. **Belly** (F.). A travers l'Amérique centrale. Le Nicaragua et le canal interocéanique ; carte. *Paris*, 1867, 2 vol. in-8, br.

966. **Bézout.** Cours de mathématiques à l'usage du corps de l'artillerie. *Paris, Richard*, 1797, 2 vol. in-8, demi-rel. chag.

967. **Boitard.** Le Jardin des plantes, description et mœurs des mammifères de la ménagerie et du muséum d'histoire naturelle, précédé d'une introduction historique, descriptive et pittoresque, par M. J. Janin. *Paris, Barba*, 1 vol.

968. **Boreau** (A.). Flore du centre de la France ou description des plantes qui croissent dans la région centrale de la France. *Paris, Roret*, 1840, 2 vol. in-8, cart.

969. — Le même ouvrage. *Paris*, 1857, 2 vol. in-8, cart.

970. **Boucheporn** (de). Explication de la carte géologique du département de la Corrèze. *Paris, Imprimerie nationale*, 1848, 1 vol. in-8, demi-rel. bas.

971. **Boucher de Perthes**. Voyage à Aix-Savoie, Turin, Milan. 1867. — Louise Vallory. A l'aventure en Algérie. — E. Plauchut. Les Quatre campagnes militaires de 1874. *Lévy*, 1875. — E. Rome. La France sous Napoléon III. 1863. — Zurcher et Margollé. Les Tempêtes. — Robello. Les Curiosités de Rome et de ses environs. 1854. — E. de Amicis. Constantinople. 1878. — Mme de Solms. Nice. 1854. — A. de Bougy. Légende, histoire et tableau de Saint-Marin, République du mont Titan. 1865. — C. Ostrowski. Lettres slaves. 1857. — Viardot. Espagne et Beaux-Arts. 1866. — Gigot-Suard. Des Climats sous le rapport hygiénique et médical. 1862. — Mario Proth. Au Pays de l'Astrée. 1868. — Mme L. Figuier. L'Italie d'après nature. 1868. — E. de Amicis. La Hollande. 1878. — Ensemble 15 vol. in-12.

<small>Envois autographes des auteurs à George Sand, sur plusieurs volumes.</small>

972. **Bouillet**. Dictionnaire universel des sciences, des lettres et des arts. *Paris, Hachette*, 1859, 1 fort vol. in-8, demi-rel. chag. pl. toile.

973. **Bouillet**. Dictionnaire universel d'histoire et de géographie. *Paris, Hachette*, 1857, 1 fort vol. in-8, demi-rel. chag. pl. toile.

974. **Boutroux**. Le Salut de la France, sa rénovation et sa glorification. *Gien*, 1870-1873, tome I. — A. Coquerel. Libres Études. 1868. — Suzanne Voilquin. Souvenirs d'une fille du peuple, ou la Saint-Simonienne en Égypte. 1866. — P. Doublet. De la Méthode scientifique. 1870. — E. Quinquaud. Essai sur le puerpérisme infectieux chez la femme et chez le nouveau-né. 1872. — P. Leroux. De la mutilation d'un écrit posthume de Th. Jouffroy, réfutation de l'éclectisme. 1843. — Monument à David Comby. 1866. — H. Chavée. Lexicologie indo-européenne. 1849. — Néraud. Botanique de ma fille, illustr. *Paris, Hetzel* (2 exempl.). — Boucoiran. Dictionnaire analogique et étymologique des idiomes méridionaux. 1875. — Ensemble 11 vol. in-8, br.

<small>Envois autographes des auteurs à George Sand, sur presque tous ces volumes.</small>

975. **Bouyer** (Frédéric). La Guyane française, notes et souvenirs d'un voyage exécuté en 1862-1863. Ouvrage illustré de types, de scènes et de paysages, par Riou, et de figures d'histoire naturelle, par Rapine et Delahaye. *Paris, Hachette*, 1867, 1 vol. gr. in-4, cart.

976. **Brard**. Nouveaux Élémens de minéralogie, ou Manuel du minéralogiste voyageur, édition corrigée par M. Guillebot. *Paris, Méquignon-Marvis*, 1838, 1 vol. in-8, demi-rel.

977. **Bronn**. Index palaeontologicus, oder Uebersicht der bis jetzt bekannten fossilen Organismen. *Stuttgart*, 1849, 1 vol. in-8, demi-rel. toile.

978. **Büchner** (le Dr L.). L'Homme selon la science, son passé, son présent, son avenir, trad. de l'allemand, par Letourneau; nombr. fig. *Paris, Reinwald*, 1878, 1 vol. in-8, br.

979. **Bulletin de la Société géologique de France.** *Paris*, 1850-1888 : de 1850 à 1873, 23 vol. demi-rel. toile; de 1873 à 1888, en livraisons.
Manque quelques livraisons.

980. **Cabinet du jeune naturaliste**, ou Tableaux intéressans de l'histoire des animaux; ouvr. enrichi de 65 grav. trad. de l'anglais de M. Thomas Smith, revue et corrigée par M. Antoine. *Paris, Bellavoine*, 1830, 6 vol. in-12, rel. pl. v.

981. **Candolle** (Aug.-Pyr. De). Physiologie végétale, ou Exposition des forces et des fonctions vitales des végétaux. *Paris, Béchet*, 1832, 3 vol. in-8, demi-rel. toile.

982. **Carta geologica** di Savoja, Piemonte e Liguria del commandatore Angelo Sismonda. 1862.

983. **Carte** du département de la Seine exécutée en 1839 au Dépôt général de la Guerre sous la direction du général de division Pelet d'après les levées des officiers du corps d'état-major.

984. **Cartes** du Dépôt de la Guerre et du Dépôt des Fortifications. *Paris, librairie militaire de J. Dumaine*, 53 cartes.

985. **Cartes** du xviiie siècle sur les provinces de France, l'Amérique, l'Italie, la Grèce, etc., au nombre de 80 environ.

986. **Carte géologique** de la France exécutée sous la direction de M. Brochant de Villiers par MM. Dufrénoy et Élie de Beaumont, terminée en 1840.
En 6 placards.

987. **Catlin.** Letters and notes on the manners, customs, and conditions of the North american Indians, with several hundred illustrations. *London*, 1844, 2 vol. in-8, cart. de l'éditeur.

988. **Chapuis et Dewalque.** Mémoire en réponse à la question suivante : Faire la description des fossiles des terrains secondaires de la province de Luxembourg, et donner l'indication précise des localités et des systèmes de roches dans lesquels ils se trouvent. 2 vol. in-4, br.

989. **Charton** (Édouard). Voyageurs anciens et modernes, ou Choix des relations de voyages les plus intéressantes et les plus instructives depuis le ve siècle avant J.-C. jusqu'au xixe siècle ; nomb. illustr. *Paris, bureau du Magasin pittoresque*, 1854-1857, 4 vol. gr. in-8, demi-rel. toile.

990. **Chenu** (Dʳ). Encyclopédie d'histoire naturelle, ou traité complet de cette science d'après les travaux des naturalistes les plus éminents de tous les pays et de toutes les époques : Coléoptères ; nombr. fig. *Paris, Marescq,* 1 vol. in-4, demi-rel. bas.

991. **Chenu.** Leçons élémentaires d'histoire naturelle comprenant un aperçu sur toute la zoologie et un traité de conchyliologie ; nombr. fig. *Paris, Dubochet,* 1847, 1 vol. in-8, demi-rel. toile.

992. **Combes.** Voyage en Abyssinie dans le pays des Galla, de Choa et d'Ifat, précédé d'une excursion dans l'Arabie Heureuse. *Paris, Desessart,* 1838, 4 tomes en 2 vol. in-8, demi-rel. toile.

Envoi autographe de l'auteur à George Sand.

993. **Combes.** Voyage en Égypte, en Nubie, dans les déserts de Beyouda, des Bicharys et sur les côtes de la mer Rouge. *Paris, Desessart,* 1846, 2 tomes en 1 vol. in-8, demi-rel. toile.

Envoi autographe de l'auteur à George Sand.

994. **Combier** (G.). Voyage au golfe de Californie ; nuits de la zone torride, ouvr. accompagné d'une carte de la Sonora. *Paris, Bertrand,* 1 vol. in-8, br.

Lettre autographe de l'auteur adressée à George Sand.

995. **Contejean** (Ch.). Éléments de géologie et de paléontologie, avec 467 fig. intercalées dans le texte. *Paris, Baillière,* 1874, 1 vol. in-8, cart.

996. **Contejean.** Esquisse d'une description physique et géologique de l'arrondissement de Montbéliard. *Paris, Rothschild,* 1862, 1 plaq. gr. in-8, demi-rel. bas.

997. **Coquand.** Description géologique du terrain permien du département de l'Aveyron et de celui des environs de Lodève. *Paris,* 1855, 1 vol. in-8, demi-rel. v.

998. **Coquand.** Traité des roches considérées au point de vue de leur origine, de leur composition, de leur gisement et de leurs applications à la géologie et à l'industrie, suivi de la description des minerais qui fournissent les métaux utiles. *Paris, Baillière,* 1857, 1 vol. in-8, demi-rel. v.

999. **Darwin** (Ch.). De l'Origine des espèces par sélection naturelle, traduite en français par Clémence Royer. *Paris, Masson,* 1866, 1 vol. in-8, br.

1000. **Degousée et Ch. Laurent.** Guide du sondeur, ou Traité théorique et pratique des sondages, ouvr. accompagné d'un grand nombre de fig. dans le texte et d'un atlas. *Paris, Garnier,* 1861, 3 vol. in-8, br.

1001. **Der Jura**, von Friedrich August Auenstedt, 3 tableaux, 42 fig. et atlas de 100 planches. — Die Juraformation Englands, Frankreichs und südwestlichen Deutschlands, von Albert Oppel. *Stuttgart*, 1856-1858. — Ens. 2 vol. gr. in-8, demi-rel.

1002. **Deshayes.** Description de coquilles caractéristiques des terrains; fig. *Paris, Levrault*, 1831, 1 vol. in-8, br.

1003. **Dufrénoy et de Beaumont.** Carte géologique de la France, exécutée sous la direction de M. Brochant de Villiers. 1841.

1004. **Dufrénoy et Élie de Beaumont.** Explication de la carte géologique de la France, rédigée sous la direction de M. Brochant de Villiers et publiée en 1841 par ordre de M. Teste. *Paris, Imprimerie royale*, 1841-1848, 2 vol. in-4, demi-rel. toile.

1005. **Dumont d'Urville.** Voyage pittoresque autour du monde, ouvr. accompagné de cartes et de nombr. grav. sur acier. *Paris, Tenré*, 1834-1835, 2 vol. in-4, rel. pl. v.

1006. **Dupaigne** (Albert). Les Montagnes; 7 cartes en couleurs hors texte, dessinées par Duncas-Vorzet et gravées par Erhard; illustr. dans le texte. *Tours, Mame*, 1874, 1 vol. in-8, demi-rel. chag. pl. toile, tr. dor.

1007. **Essai sur l'art de faire la guerre**, par le comte Turpin de Crissé. *Paris*, 1754, 2 vol. in-4, rel. en v.

1008. **Exploration** scientifique de l'Algérie pendant les années 1840, 1841, 1842. De l'hygiène en Algérie, par J. Perier, suivi d'un mémoire sur la peste en Algérie, par A. Berbrugger. *Paris, Imprimerie impériale*, 1847, 2 vol. in-4, br.

1009. **Exploration** scientifique de l'Algérie pendant les années 1840, 1841, 1842. Précis de jurisprudence musulmane, par Khalil-Ibn-Ish'ak', traduit de l'arabe par M. Perron. *Paris, Imprimerie impériale*, 1848-1852, 6 vol. in-4 br. et 1 vol. de table. — Ensemble 7 vol.

1010. **Exploration** scientifique de l'Algérie pendant les années 1840, 1841, 1842. Description de la régence de Tunis, par E. Pellissier. *Paris, Imprimerie impériale*, 1853, 1 vol. in-4, br.

1011. **Figuier** (Louis). La Terre avant le déluge, ouvrage contenant 25 vues idéales de paysages de l'ancien monde, dessinées par Riou, 310 autres fig. et 7 cartes géologiques coloriées. *Paris, Hachette*, 1863, 1 vol. in-8, demi-rel. bas.

1012. **Fischer** (J.-E.). Abbildungen zur Berichtigung und Ergæenzung der Schmetterlingskunde besonders der Microlepidopterologie; nombr. pl. en couleurs. *Leipzig*, 1834, 1 vol. in-4, demi-rel. bas.

1013. **Fougères** (les). Choix des espèces les plus remarquables pour la décoration des serres, parcs, jardins et salons, précédé de leur histoire botanique et horticole, par MM. Rivière, André et Roze; ouvrage orné de 75 pl. en chromo-lithog. et de 112 grav. sur bois, publié sous la direction de J. Rothschild. *Paris, Rothschild,* 1867, 1 vol. in-8, br.

1014. — Le même ouvrage, demi-rel.

1015. **Frédol** (Alfred). Le Monde de la mer; illustré de 21 pl. sur acier tirées en couleur et de 200 vignettes sur bois dessinées par P. Lackerbauer. *Paris, Hachette,* 1865, 1 vol. in-8, cart.

1016. **Fromentin** (Eugène). Une Année dans le Sahel. 1859. — Dargaud. Voyage aux Alpes. 1857. — R. Piotrowski. Souvenirs d'un Sibérien. 1863. — Dargaud. Voyage en Danemark. 1861. — Buchon. La Grèce continentale et la Morée. 1843. — Th. Gautier. Italia. 1852. — A. Pichot. Le Dernier roi d'Arles. 1848. — J. Ganonge. Arles en France. 1850. — Ferri Pisani. Lettres sur les États-Unis d'Amérique. 1862. — E. About. La Grèce contemporaine. 1855. — Mme Hommaire de Hell. Voyage dans les steppes de la mer Caspienne et dans la Russie méridionale. 1860. — De Jancigny. L'Inde ancienne et moderne de la Confédération Indo-Britannique. 1858. — Ensemble 12 vol. in-12, demi-rel.

1017. **Gaullieur** (E.-H.). La Suisse historique et pittoresque comprenant l'histoire, la géographie et la statistique de ce pays, ouvr. illustré de nombr. pl. et vignettes. *Genève, Gruaz,* 1855-1856, 2 vol. gr. in-8, demi-rel.

1018. **Geoffroy Saint-Hilaire** (Étienne). Études progressives d'un naturaliste pendant les années 1834 et 1835; nombr. pl. *Paris, Roret,* 1835, 1 vol. in-4, demi-rel. bas.

1019. **Gervais** (Paul). Histoire naturelle des mammifères avec l'indication de leurs mœurs et de leurs rapports avec les arts, le commerce et l'agriculture; nombr. fig. et en-têtes. *Paris, Curmer,* 1854, 1 vol. gr. in-8, cart. de l'éditeur.

1020. **Gilibert**. Abrégé du système de la nature de Linné, histoire des mammaires ou des quadrupèdes et cétacés; portr. et fig. *Lyon, Matheron,* 1802, 1 vol. in-8, rel. pl. v.

1021. **Girard** (Maurice). Catalogue raisonné des animaux utiles et nuisibles de la France. *Paris, Hachette,* 1878, 2 vol. in-8, br.

1022. **Grenier et Godron**. Flore de France, ou description des plantes qui croissent naturellement en France et en Corse. *Paris, Baillière,* 1848-1856, 3 vol. in-8, demi-rel. v.

1023. **Guépin et Bonamy**. Nantes au xixe siècle, statistique topographique, industrielle et morale; carte et fig. *Nantes, Lebire,* 1835, 1 vol. in-8, demi-rel. toile.

1024. **Guérard** (Adolphe). Géographie synoptique de la France et de ses colonies, avec une grande et magnifique carte de France, 1857, 1 vol. gr. in-4, demi-rel. bas.

1025. **Guérin-Méneville**. Revue et magasin de Zoologie pure et appliquée et de sériciculture comparée. *Paris*, 1869-1874, 5 vol. in-8 de texte et 1 vol. gr. in-8 de pl. en couleurs, rel. chag., et 1875-1879, 58 livraisons in-8, br.

1026. **Guides** pour la France. 1 lot de 14 volumes.

1027. **Guillemin** (Amédée). Le Ciel, notions d'astronomie à l'usage des gens du monde et de la jeunesse; ouvr. illustré de 11 pl. tirées en couleur et de 216 vignettes insérées dans le texte. *Paris, Hachette*, 1864, 1 vol. gr. in-8, cart.

1028. **Hayden**. Ninth annual report of the united states, geological and geographical survey of the territories being a report of progress of the exploration for the year, 1875, nombr. pl. *Washington*, 1877, 1 vol. in-8, cart.

1029. **Histoire naturelle**. Observations météorologiques faites à Ahun, par M. Midre, de 1828 à 1856. 1 plaq. in-8, demi-rel. chag.

1030. **Histoire naturelle** (l') éclaircie dans deux de ses parties principales, la lithologie et la conchyliologie, dont l'une traite des pierres et l'autre des coquillages; ouvr. enrichi de fig. dessinées d'après nature. *Paris, de Bure*, 1742, 1 vol. gr. in-4, rel. pl. v.

1031. **Histoire naturelle des oiseaux** par Buffon; nombr. planches en couleurs. A *Paris, de l'Imprimerie royale*, 1771-1786, 10 vol. in-folio, rel. pl. v. marbré.

1032. **Histoire naturelle** générale et particulière, avec la description du Cabinet du roy, fig. A *Paris, de l'Imprimerie royale*, 1750-1768, 31 vol. in-12, rel. pl. v.

1033. **Houzé** (A.). Atlas universel historique et géographique composé de 101 cartes. *Paris*, 1849, 1 vol. gr. in-4, cart.

1034. **Houzeau** (J.-C.). Histoire du sol de l'Europe. *Bruxelles*, 1857, 1 vol. in-8, br.

1035. **Hübner** (Jacob). Sammlung europäischer Schmetterlinge; nomb. pl. en couleurs. *Augsburg*, 1865, 6 tomes en 5 vol. in-4, d'atlas. — Verzeichniss belannter Schmetterlinge. *Augsburg*, 1816, 1 vol. in-8 de texte.

1036. **Humboldt** (A. de). Cosmos, essai d'une description physique du monde. *Paris, Baudry*, 1855-1859, 4 vol. in-8, demi-rel. v.

1037. **Humboldt et Bonpland**. Recueil d'observations de zoologie et d'anatomie comparée faites dans l'océan Atlantique dans l'intérieur du nouveau continent et dans la mer du Sud pendant les années 1799 à 1803. *Paris, Levrault*, 1805, 2 vol. gr. in-4, demi-rel. bas. dont 1 vol. de texte et 1 vol. de pl.

1038. **Jacques et Herincq**. Flore des jardins de l'Europe. Manuel général des plantes, arbres et arbustes, et classés selon la méthode de Decandolle. *Paris*, 1847-1857, 4 vol. in-12, demi-rel. chag.

1039. **Jaume Saint-Hilaire**. Plantes de la France décrites et peintes d'après nature; nombr. pl. en couleurs. *Paris*, 1808-1809, 4 vol. in-4, cart.

1040. **Joanne** (Adolphe). Dictionnaire des communes de la France. *Paris, Hachette*, 1864, 1 fort vol. in-8, rel. toile.

Envoi autographe de l'auteur à George Sand.

1041. **Joanne** (Adolphe). Dictionnaire géographique de la France, de l'Algérie et des colonies. *Paris, Hachette*, 1869, 1 fort vol. in-8, cart.

1042. **Joanne** (Adolphe). Guides pour la France et l'étranger. 39 vol. cart. et br.

1043. **Joanne** (Adolphe). Les Environs de Paris. — Paris et Lyon. — Itinéraire des Pyrénées. — Paris illustré. — De Lyon à la Méditerrannée. — La Suisse. — Du Dauphiné. — Toulouse. — Versailles. Ens. 10 vol. in-12, cart.

Plusieurs avec envoi d'auteur à Mme George Sand.

1044. **Jourdan** (Pascal). Flore de Vichy; aux naturalistes et aux amis des fleurs, avec une préface de George Sand, ouvr. orné de 12 dessins à deux teintes. *Paris, Baillière*, 1872, 1 vol. in-12, rel. pl. chag., dent. intér., tête dor., n. rogné.

1045. **Journal d'agriculture pratique**, fondé par le Dr Bixio, publié par les rédacteurs de la Maison rustique sous la direction de M. Barral, du 1er janvier 1853 au 1er juin 1855. *Paris, Dusacq*, 5 vol. gr. in-8, demi-rel. v.

1046. **Kützing** (Friderico Traug.). Species algarum. *Lipsiae*, 1849, 1 vol. in-8, demi-rel. bas.

1047. **Lamber** (Juliette). Voyage autour du Grand Pin. — Dargaud. Voyage en Danemark. 1861. — Plauchut. Le Tour du Monde en 120 jours. 1872. — Huc. Souvenirs d'un voyage dans la Tartarie, le Thibet et la Chine. 1853, 2 vol. — Buffier. Géographie universelle. 1754. — Méthode abrégée et facile pour apprendre la géographie. 1770. — Pluche. Concorde de la géographie des différents âges. 1772. — Duromesnil. Histoire des naufrages. 1835. — A. de Saint-Gervais. Beaux traits de l'histoire des naufrages. — A. Meyer. Promenade sur le chemin de fer de Marseille à Toulon. 1859. — A. Challamel. Un été en Espagne. 1843. — Jacquemont. Correspondance avec sa famille et plusieurs de ses amis pendant son voyage dans l'Inde. 1841. — BELIN et PUJOL. Histoire civile, morale et monumentale de Paris. 1843. — Ensemble 13 vol. in-12.

1048. **Lanoye** (F. de). Voyage en Auvergne; extrait du Tour du Monde. 1 vol. in-4, rel. toile.
<small>Envoi autographe de l'auteur à George Sand.</small>

1049. **Le Bas**. Suède et Norwège; nombr. illustr. et carte. *Paris, Firmin Didot*, 1841, 1 vol. in-8, demi-rel. chag.

1050. **Lefebvre** (R.). Paris in America. 1863. — G. PERROT. Souvenirs d'un voyage en Asie Mineure. 1864. — C. MARTINS. Du Spitzberg au Sahara. 1866. — Lettres d'un conservateur américain écrites à W. S. Ecuyer. 1784, 2 vol. — Princesse AURÉLIE GHIKA. La Valachie moderne. 1850. — F. JULIEN. Courants et révolutions de l'atmosphère et de la mer. 1860. — C. SEALSFIELD. La Prairie du Jacinto. 1861. — Ensemble 8 vol. in-8.

1051. **Lefèvre** (Théotiste). Guide pratique du compositeur d'imprimerie. *Paris, Firmin-Didot*, 1855, 1 vol. in-8, br.
<small>Envoi autographe de l'auteur à George Sand.</small>

1052. **Lemaout** (Emm.). Le Jardin des Plantes, description complète, historique et pittoresque du Muséum d'histoire naturelle, oiseaux, reptiles, poissons, insectes et crustacés; fig. *Paris, Curmer*, 1843, 1 vol. gr. in-8, cart.

1053. **Lesage** (A.). Atlas historique, généalogique, chronologique et géographique. *Paris, Delloye*. 1 vol. in-folio demi-rel. bas.

1054. **Lyell** (Sir Charles). Éléments de géologie ou changements anciens de la terre et de ses habitants, traduit de l'anglais par M. Ginestou, ouvr. illustré de 770 grav. sur bois. *Paris, Garnier*, 1 vol. in-8, br.

1055. **Macquer**. Dictionnaire de chimie. *A Paris, de l'imprimerie de Monsieur*, 1778, 2 vol. in-4, rel. pl. v.

1056. **Maison rustique** du XIXe siècle. Encyclopédie d'agriculture pratique terminée par des tables méthodique et alphabétique, cours élémentaire, complet et méthodique d'économie rurale avec plus de 2 000 fig., rédigé sous la direction du Dr ALEXANDRE BIXIO. *Paris*, 1844, 5 vol. gr. in-8, cart.

1057. **Malte-Brun**. Géographie universelle ou description de toutes les parties du monde sur un plan nouveau; fig. *Paris, Furne*, 1841, 6 vol. gr. in-8, demi-rel. v.

1058. **Manuels** d'éducation physique, gymnastique et morale. 1848. — Des gardes nationaux de France. — Du poêlier-fumiste. 1849.— Du pêcheur praticien. — De l'artificier. 1838. — Du mécanicienfontainier, du pompier et du plombier. 1844. — Du sapeur-pompier, 1850. — Du métreur et du vérificateur en bâtiments, tome II. 1853. — Du cartonnier. 1845. — Des constructions rustiques. 1836. — Ensemble 10 vol. in-24, rel. toile.

1059. **Manuel** ou **Journée militaire**. *Paris, Ardouin,* 1776, 2 jolis front., 1 vol. in-12, rel. en v.

1060. **Manuscrit**. Analyse géographique de la France suivant sa division générale en 30 provinces où l'on entre dans le détail des sous-divisions. 1 vol. pet. in-folio, rel. pl. v.

1061. **Manuscrit**. Éléments de géographie et d'histoire. 1 vol. in-folio, rel. pl. v.

1062. **Manuscrit**. Recueil d'opérations sur les calculs, fait par Aviat en 1775, 1 vol. in-folio, rel. pl. v.

1063. **Marcou** (Jules). Lettres sur les roches du Jura et leur distribution géographique dans les deux hémisphères. *Paris, Klincksieck,* 1857-1860, 2 vol. in-8, br.

1064. **Maury** (Alfred). La Magie et l'Astrologie dans l'antiquité et au moyen-âge. 1864. — LOUANDRE. La Sorcellerie. 1853. — CHAPUS. Le Turf, ou les courses de chevaux en France et en Angleterre. 1853. — Mme PAPE-CARPANTIER. Le Secret des grains de sable. — F. PÉCAUT. Le Christ et la conscience. 1863. — PROUDHON. Manuel du spéculateur à la Bourse. 1857. — DE MASSAS. Le Pêcheur à la mouche artificielle et le pêcheur à toutes lignes. — H. MICHON. Système de graphologie. 1875. — FONSSAGRIVES. Le Rôle des mères dans les maladies des enfants. 1869. — L'Éducation physique des filles. — E. FERRIÈRE. Le Darwinisme. 1872. — Ensemble 12 vol. in-12, br.

Envoi autographe de Michon à George Sand.

1065. **Mémoires** de la Société géologique de France. *Paris,* 1855, 1865, 1869, 1875, 1878; 5 vol. in-4, br.

1066. **Memoirs** of the American association for the advancement of science. Fossil butterflies by Samuel H. Scudder, avec planches. *Salem,* 1875, 1 vol. gr. in-4, demi-rel.

1067. **Mémoire** statistique du département de l'Indre adressé au Ministre de l'Intérieur, d'après ses instructions, par le c^{on} Dalphonse. *Paris, an XII,* 1 vol. in-fol., demi-rel. toile, avec coins.

1068. **Mémoires** des sociétés savantes de province. 24 vol. in-8, br.

1069. **Méray** (le Dr R. F.). Geos, ou Histoire de la Terre, de sa création, de son développement et de son organisation par l'action des causes actuelles: Géologie philosophique. *Paris, Garnier,* 1861, 2 vol. in-8, br.

1070. **Meunier** (Victor). L'Ami des Sciences, journal du dimanche. 1855-1862, 8 vol. in-4, demi-rel. bas.

1071. **Montagne** (J.-F.-Cam.). Sylloge generum specierumque cryptogamarun. *Paris, Baillière*, 1856, 1 vol. in-8, demi-rel. bas.

1072. **Néraud** (Jules). Botanique de ma fille, revue et complétée par Jean Macé, illustrée par Lallemand. *Paris, Hetzel*, 1 vol. in-8, br.

1073. **Notes** pour servir à l'histoire, à la bibliographie et la cartographie de la Nouvelle-France et des pays adjacents. *Paris, Tross*, 1872, 1 vol. in-8, cart. Bradel.

1074. **Nouveau Cours** complet d'agriculture du xixe siècle, ou Dictionnaire raisonné et universel d'agriculture. Ouvr. rédigé par les membres de la section d'agriculture de l'Institut de France, avec des fig. en taille-douce, *Paris, Roret*, 1838, 16 vol. in-8, br.

1075. **Noyon** (N.). Statistique du département du Var. *Draguignan*, 1846, 1 vol. in-8, demi-rel. bas.

1076. **Orbigny** (Alcide d'), Cours élémentaire de paléontologie et de géologie stratigraphiques, vignettes gravées en relief et sur cuivre, par M. E. Salle. *Paris, Masson*, 1849-1850, 2 forts vol. in-12, demi-rel. chag.

1077. **Orbigny** (Charles d'). Géologie appliquée aux arts, aux mines et à l'agriculture, ouvr. orné de vignettes dans le texte et d'un tableau gravé sur acier, suivi d'un vocabulaire. *Paris*, 1855, 1 vol. in-8, demi-rel. bas.

1078. **Orcigny** (Alcide d'). Paléontologie française. Description des mollusques et rayonnés fossiles et terrains jurassiques; 2 vol. de texte et 2 vol. d'atlas. *Paris, Masson*, 1860. — Ensemble 4 vol.

1079. **Orbigny** (Alcide d'). Voyage pittoresque dans les deux Amériques, ouvr. accompagné de cartes et de nombr. grav. sur acier. *Paris, Tenré*, 1836, 1 vol. in-4, demi-rel. v.

1080. **Paléontologie stratigraphique** de l'infra-lias du département de la Côte-d'Or, suivie d'un aperçu paléontologique sur les mêmes assises dans le Rhône, l'Ardèche et l'Isère, par M. Jules Martin; nombr. pl. *Paris, Savy*, 1860, 1 vol. in-folio, br. — HAIME (Jules). Description des bryozoaires fossiles, pl. *Paris, Martinet*, 1854, 1 vol. in-folio, br. — Ensemble 2 vol.

1081. **Paris-Guide**, par les principaux écrivains et artistes de la France, avec fig. *Paris, Librairie internationale*, 1867, 2 forts vol. in-12; cart.

1082. **Paris.** Nouveau plan de Paris, ses faubourgs et ses environs, par le sieur Desnos. 1772.

1083. **Paris**. Plan routier de la ville et faubourg de Paris divisé en 12 mairies. *Paris, Jean*, 1826. — Plan de Paris, 1860. — Plan de Paris, 1855. — Plan itinéraire de la ville de Paris, par M. Perrot. — Nouveau Guide du promeneur aux fortifications de Paris, 1860. — Ensemble 5 plans.

1084. **Plan de Paris** divisé en 16 quartiers, par l'abbé Delagrive. 1756. — Plan routier de la ville et faubourg de Paris. 1772. — Le même, 1776. — Ensemble 3 plans.

1085. **Pauthier** (G.). Chine ou Description historique, géographique et littéraire de ce vaste Empire, d'après des documents choisis ; nomb. grav. et carte. *Paris, Didot*, 1837, 1 vol. in-8, demi-rel. chag.

1087. **Pfeiffer** (Mme Ida). Voyage d'une femme autour du monde. 1859, 2 vol. — Mémoires sur le port, la navigation et le commerce du Hàvre de Grâce. 1753. — A. Esquiros. L'Angleterre et la vie anglaise. 3 vol. in-12. — Noel et de La Place. Leçons françaises de littérature et de morale. 1848. — Savary. Lettres sur l'Égypte. 1785. — Lettres sur la Grèce. 1788. — Voyage au Darfour, par le cheykh Mohammed Ebn-Omar-El-Tounsy. 1845. — De Saint-Amant. Voyages en Californie et dans l'Orégon. 1854. — Gley. Voyage en Allemagne et en Pologne. 1816. — Janin. Dictionnaire des communes de France. 1851. — Echard. Dictionnaire géographique portatif. 1755. — De Fer. Introduction à la géographie. 1717. — Ensemble 15 vol. in-8.

1088. **Pictet** (F.-J.). Traité de paléontologie, ou Histoire naturelle des animaux fossiles considérés dans leurs rapports zoologiques et géologiques. *Paris, Baillière*, 1853-1857, 4 vol. in-8 br. de texte et 1 atlas in-4 cart. contenant 110 planches. — Ensemble 5 vol.

1089. **Planisphère** à l'usage de la marine. *Brest, Lefournier*.

1090. **Pouqueville**. Grèce. 1835. — Lettres sur l'Italie en 1785. — Artaud. L'Italie. — de La Salle. Sicile. 1835. — Ramond. Voyages au Mont-Perdu et dans la partie adjacente des Hautes-Pyrénées. 1801. — Observations faites dans les Pyrénées pour servir de suite à des observations sur les Alpes. 1789. — Brun-Rollet. Le Nil blanc et le Soudan. 1855. — Delamarche. Atlas élémentaire. *An VIII*. — Voyage à Constantinople, en Italie et aux îles de l'Archipel, par l'Allemagne et la Hongrie, 1799. — Mismer. Soirées de Constantinople. 1870. — Delessert. Voyages dans les deux Océans, Atlantique et Pacifique. 1848. — C. Edmond. Voyage dans les mers du Nord. 1857. — Ensemble 11 vol. in-8, demi-rel.

1091. **Raspail** (F.-V.). Histoire naturelle de la maladie chez les végétaux et chez les animaux en général, et en particulier chez l'homme ; fig. *Paris*, 1846, 3 vol. in-8, demi-rel. toile.

1092. **Reclus** (Élisée). Nouvelle Géographie universelle. L'Europe méridionale, contenant 73 grav., 4 cartes en couleur tirées à part et 175 cartes dans le texte. *Paris, Hachette*, 1875, 1 fort vol. in-4, br.

1093. **Recueil** d'environ 200 pl. sur les quadrupèdes. 1 vol. in-4, rel. pl. v.

1094. **Règlement** concernant l'exercice et les manœuvres de l'infanterie, du 1er août 1791. 2 vol. in-12, dont 1 de planches, rel. mar. *Paris, Magimel*, 1815.

1095. **Rendu** (Victor). Les Animaux de la France; ouvrage contenant 258 gravures. *Paris, Hachette*, 1875, 1 vol. in-8, cart.

1096. **Report** of the United States geological survey of the territories, by Fr. Hayden. vol. X. *Washington*, 1871, 1 vol. in-4, cart. toile.

1097. **Revue horticole**, journal d'horticulture pratique par MM. Poiteau et Vilmorin, Neumann et Pepin, sous la direction de M. Du Breuil. *Paris, librairie de la Maison rustique*, 1856-1867, 12 vol. in-8, demi-rel. chag.

1098. **Robert** (A.). La Réforme en Allemagne : 1521-1525. *Paris*, 1845. — Annuaire du Club alpin français, 1re année. 1875. — Testament médical, philosophique et littéraire du docteur Dumont. 1865. — Tellier. Conservation de la viande et autres substances alimentaires par le froid ou la dessiccation. 1871. — Congrès de la Société des Agriculteurs de France tenu à Châteauroux les 6, 8 et 9 mai 1874. — Ensemble 5 vol. in-8, br.
<small>Envoi autographe de l'auteur à George Sand sur 1 de ces volumes.</small>

1099. **Roubaudi**. Nice et ses environs. *Paris, Allouard*, 1843, 1 vol. in-8, br.

1100. **Routier** (le) des Provinces méridionales, fragment d'histoire et de voyages, chroniques, romans, etc., par Marie Aycard, Élie Berthet, Alex. Dumas, etc.; illustr. *Toulouse*, 1842, 1 vol. in-4, br.

1101. **Serres** (Olivier de). Le Théâtre d'agricvltvre et mesnage des champs. *A Genève*, 1651, 1 vol. in-4, rel. vélin.

1102. **Simonin** (L.). Esquisses minéralogiques; ouvr. illustré de 91 grav. sur bois par Eug. Cicéri, E. Petot, A. Mesnel et E. Tournois, de 6 pl. imprimées en chromolithographie d'après les aquarelles de A. Faguet, et de 15 cartes tirées en couleur. *Paris, Hachette*, 1869, 1 vol. in-8, demi-rel. chag., plats toile, tr. dor.

1103. **Simonin** (L.). La Vie souterraine, ou les Mines et les mœurs; ouvr. illustré de 160 grav. sur bois et de 30 cartes tirées en couleur et de 10 planches imprimées en chromolithog. *Paris, Hachette*, 1867, 1 vol. in-8, cart.

1104. **Steudel** (Ernesto Theoph.). Nomenclator botanicus, seu Synonymia plantarum universalis. *Stuttgartiae*, 1840-1841, 2 tomes en 1 fort vol. in-4, demi-rel. bas.

1105. **Stieler's** Hand-Atlas. 1 vol. in-fol., demi-rel. avec coins.

1106. **Streinz**. Nomenclature des champignons, liste synonymique des genres et des espèces accompagnée d'une bibliographie de tous les ouvrages qui traitent la mycologie. *Rothschild*, 1863, 1 vol. in-8, demi-rel. toile.

1107. **Sul Moto ondoso del mare** e su le correnti di esso specialmente su quelle littorali, pel comm. ALESSANDRO CIALDI. *Roma*, 1866, 1 vol. gr. in-8, cart.

1108. **Surell** (Alexandre). Étude sur les torrents des Hautes-Alpes, tome I seulement. *Paris, Dunod*, 1870, 1 vol. in-8. — Recherches géologiques sur les terrains tertiaires de la France occidentale. Stratigraphie, par GASTON VASSEUR. *Paris, Masson*, 1881, 1 vol. in-8. — Ensemble 2 vol. in-8, br.

1109. **Tanner** (John). Mémoires ou trente années dans les déserts de l'Amérique du Nord, traduits par E. de Blosseville. *Paris, Bertrand*, 1835, 2 vol. in-8, demi-rel. toile.

1110. **Terre illustrée** (la), ou Tableau pittoresque du globe sous le rapport physique, botanique et ethnographique, atlas de 13 pl. imprimées sur carton et coloriées. *Bruxelles*, 1858, 1 vol. in-4, cart.

1111. **Théorie des ressemblances**, ou essai philosophique sur les moyens de déterminer les dispositions physiques et morales des animaux d'après les analogies de formes, de robes et de couleurs, par le chevalier de G. M..., orné de 20 pl. *Paris, Treuttel et Wurtz*, 1831, 3 vol. in-4, rel. pl. chag., plats ornés, tr. dor.

1112. **Tour du Monde** (le), nouveau journal des voyages publié sous la direction de M. ÉDOUARD CHARTON, et illustré par les plus célèbres artistes. *Paris, Hachette*, 1860-1876, 28 vol. cart. et 3 vol. en livraisons.

1113. **Traité** sur l'imprimerie, ou règles de l'imprimerie japonaise. 1 vol. gr. in-8, demi-rel. toile.

1114. **Tschudi** (Frédéric de). Les Alpes, description pittoresque de la nature et de la faune alpestres. *Berne, Dalp*, 1859, 1 vol. in-8, demi-rel. chag.

1115. **Valmont de Bomare**. Dictionnaire raisonné universel d'histoire naturelle; contenant l'histoire des animaux, des végétaux et des minéraux, avec l'histoire et la description des drogues simples tirées de trois règnes. *A Paris, chez Brunet*, 1775, 9 vol. in-8, rel. pl. v.

1116. **Van Bruyssel** (Ernest). Histoire d'un aquarium et de ses habitants, dessins par Riou d'après Léon Becker, impression des planches en couleur par G. Silbermann. *Paris, Hetzel*, 1 vol. in-4, cart.

1117. **Vibert** (J.-P.). Essai sur les roses. *Paris, Huzard*, 1824, 1 vol. in-8, demi-rel. chag.

1118. **Vilmorin-Andrieux.** Les Fleurs de pleine terre, comprenant la description et la culture des fleurs annuelles vivaces et bulbeuses de pleine terre, édition illustrée de près de 1 300 grav. *Paris, Vilmorin-Andrieux*, 1870, 1 fort vol. in-12, demi-rel. chag.

1119. **Vilmorin-Andrieux.** Les Plantes potagères, description et culture des principaux légumes des climats tempérés. *Paris, Vilmorin-Andrieux*, 1883, 1 vol. gr. in-8. br.

1120. **Volney** (C.-F.). Voyage en Syrie et en Égypte pendant les années 1783-1784 et 1785, avec 2 cartes géograp. et 2 pl. gravées. *Paris, Desenne*, 1787, 2 vol. in-8, br.

1121. **Voyages de Cyrus** (les); en-têtes, fleuron sur le titre. *Londres*, 1730, 1 vol. in-4, rel. pl. v.

1122. **Zur Fauna des Indo.** Malayischen archipels. Die Rhopalocera der insel Nias, van Napoleon, M. Kheil. *Berlin*, 1884, plaquette in-8, br.; 5 pl. de papillons.

1123. **Lot** de 16 vol. in-12 de géologie.

1224. **Lot** d'environ 50 brochures sur la géologie, l'histoire naturelle, etc.

1125. **Lot** de 13 vol. de sciences.

1126. **Lot** de 9 vol. in-12, br., d'ouvrages sur les fleurs et les insectes.

1127. **Lot** de 10 vol. sur la flore et sur la zoologie.

1128. **Lot** de 9 vol., rel., sur la botanique.

1129. **Lot** de 18 vol. in-12, br., sur l'agriculture.

1130. **Lot** de 12 vol. in-12, br., sur l'agriculture.

1131. **Lot** de 15 vol. in-12, br., sur l'agriculture.

1132. **Lot** de 17 volumes, br., sur les colonies.

1133. **Lot** de 38 cartes anciennes et modernes sur les provinces.

1134. **Lot** de 12 vol. sur l'histoire naturelle et la chimie.

ENTOMOLOGIE

1135. **Amyot** et **Audinet de Serville**. Histoire naturelle des insectes. Hémiptères; ouvr. accompagné de pl. *Paris, Roret*, 1843, 1 vol. in-8, demi-rel. v.

1136. **Annales** de la Société entomologique belge. *Bruxelles*, 1857, 3 tomes en 1 vol. in-8, demi-rel. toile.

1137. **Audinet Serville**. Histoire naturelle des insectes orthoptères; ouvr. accompagné de pl. *Paris, Roret*, 1839, 1 vol. in-8, demi-rel. v.

1138. **Beitrage** zur Schmetterlingskunde herausgegeben von J.-P. MAASSEN und G. W. WEYMER. *Elberfeld*, 1869-1872, 1873. — Ens. 3 cahiers in-4 de planches de papillons.

1139. **Berge** (E.). Faune entomologique française. Lépidoptères. Descriptions de tous les papillons qui se trouvent en France, indiquant l'époque de l'éclosion de chaque espèce, les localités qu'elle fréquente, la plante qui nourrit la chenille, etc.; dessins et grav. par M. Théophile Deyrolle. *Paris, Deyrolle*, 1867, 5 vol. in-12, demi-rel. chag.

1140. — Le même ouvrage, 4 vol. in-12, br.

1141. **Berthoud** (Henry). Le Monde des insectes, illustré d'un gr. nombre de vignettes sur bois dessinées par Yan' Dargent. *Paris, Garnier*, 1 vol. in-8, demi-rel. toile.

1142. **Boisduval** (J.-A.). Essai sur une monographie des zygénides, suivi du Tableau méthodique des lépidoptères d'Europe. *Paris, Méquignon-Marvis*, 1829, 1 vol. in-8, demi-rel. toile.

1143. **Boisduval** (J.-A.). Genera et index methodicus europæorum lepidopterorum. *Parisiis, apud Roret*, 1840, 1 vol. in-8, cart.

1144. **Boisduval** (J.-A.). Histoire naturelle des insectes. Species général des lépidoptères; ouvr. accompagné de pl. *Paris, Roret*, 1836-1857, 7 vol. in-8, demi-rel. toile.
    Manque les tomes 2, 3 et 4.

1145. **Boisduval** (J.-A.). Icones historique des lépidoptères nouveaux ou peu connus, collection avec figures coloriées des papillons d'Europe nouvellement découverts, ouvr. formant le complément de tous les auteurs iconographes. *Paris, Roret*, 1832, 2 vol. in-8, demi-rel. chag.

1146. **Boisduval et Guénée**. Histoire naturelle des insectes. Species général des lépidoptères hétérocères, *le tome I seulement;* nombr. pl. en couleurs. *Paris, Roret*, 1874, 1 vol. in-8, demi-rel. chag.

1147. **Boisduval, P. Rambur** et **A. Graslin**. Collection iconographique et historique des chenilles ou description et figures des chenilles d'Europe; nombr. fig. en couleurs. *Paris, Roret*, 1832, 2 vol. in-8, demi-rel. chag.

1148. **Bulletin** de la Société entomologique de France, recueilli par M. E. Desmarest, secrétaire, années 1855-1888, les 20 premières en 20 vol. in-8, demi-rel. toile, et le reste en 55 fascicules in-8, br., avec 1 vol. br. supplémentaire à l'année 1870.
Manque le 3e trimestre de l'année 1883.

1149. **Cantener** (L.-P.). Catalogue des lépidoptères du département du Var. *Paris, Roret*, 1833, 1 plaq. in-8, demi-rel. chag.

1150. **Cantener** (L.-P.). Histoire naturelle des lépidoptères et rhopalocères ou papillons diurnes des départements des Haut et Bas-Rhin, de la Moselle, de la Meurthe et des Vosges; nombr. pl. *Paris, Roret*, 1834, 1 vol. in-8, cart.

1151. — Le même ouvrage, demi-rel. bas.

1152. **Catalogue** des coléoptères de la collection de M. le comte Dejean. *Paris, Méquignon-Marvis*, 1837, 1 vol. in-8, cart.

1153. **Catalogus** coleopterorum Europæ, herausgegeben vom entomologischen veréine in Stettin. *Stettin*, 1855, 1 plaq. in-12, cart.

1154. **Catalogue** des lépidoptères d'Europe et des pays limitrophes. Macrolepidoptera, par O. Staudinger. Microlepidoptera, par M. Wocke. *Dresde*, 1861, 1 vol. in-8, cart.

1155. **Catalogue** des lépidoptères d'Alsace avec indication des localités, de l'époque d'apparition et de quelques détails propres à en faciliter la recherche. 2 plaq. in-8, cart.

1156. **Catalogue** méthodique des lépidoptères d'Europe pouvant être employé comme étiquettes pour le classement des collections. *Paris, Menuiset*, 1861, 1 plaq. in-8, cart.

1157. **Catalogue** ou énumération méthodique des lépidoptères qui habitent le territoire de la faune européenne. Macrolepidoptera, par O. Staudinger. Microlepidoptera, par M. Wocke. *Dresde*, 1871, 1 vol. in-8, demi-rel. chag.

1158. **Cramer**. Papillons exotiques des trois parties du monde, l'Asie, l'Afrique et l'Amérique, rassemblés et décrits par M. Pierre Cramer, dessinés sur les originaux, gravés et enluminés sous sa direction; texte allemand et traduct. en français. *A Amsterdam, chez Baalde*, 1779, 4 vol. et 1 vol. de Supplément contenant les figures exactes des chenilles et des chrysalides de Suriname, par M. C. Stoll. *A Amsteldam*, 1791. — Ensemble 5 vol. gr. in-4, demi-rel. v. avec coins.

1159. **Curtis** (John). British entomology being illustrations and descriptions of the genera of insects found in Great Britain and Ireland containing coloured figures from nature. Tomes V et VI : Lépidoptères. *London*, 1823-1840, 2 vol. in-8, cart.

1160. Divers Lépidoptères du musée de Genève. — Lépidoptères de Madagascar. — Sesiæ Europeanæ. — Genus siketicus. — Philosophie entomologique. — Catalogus coleopterorum Europæ. — Insecta svecica. — Die jetzt lebenden Entomologen. — Quelques lépidoptères de Iakoutsk. — Ens. 12 plaquettes br. ou rel.

1161. **Dours** (A.). Catalogue synonymique des hyménoptères de France. *Amiens, Lenoel-Herouart*, 1874, 1 vol. in-8, br.

1162. **Drury** (D.). Illustrations of natural history wherein exhibited upwards of two hundred and forty figures of exotic insects, with a particular description of each insect, texte anglais et traduction française. *London*, 1770, 3 vol. gr. in-4, demi-rel. v., tr. peigne.

1163. **Duméril**. Entomologie analytique ; fig. *Paris, Firmin-Didot*, 1860, 1 vol. in-4, demi-rel. bas.

1164. **Engramelle** (R.-P.). Insectes d'Europe, peints d'après nature par M. Ernst, gravés et coloriés sous sa direction ; nomb. fig. en couleurs, titre front. en couleurs. *Paris, Delaguette*, 8 vol. gr. in-4, demi-rel. v.

1164 *bis*. **Fabricius**. Mantissa insectorvm sistens eorvm species nvper detectas adiectis characteribvs genericis differentiis specificis, emendationibvs, observationibvs. *Hafniæ*, 1787, 2 tomes en 1 vol. in-8, demi-rel.

1165. **Fairmaire** (Léon) et **Laboulbène**. Faune entomologique française, ou description des insectes qui se trouvent en France (Coléoptères). *Paris, Deyrolle*, 1854, 1 vol. in-12, demi-rel. toile.

1166. **Fauvel** (Albert). Faune gallo-rhénane, ou Species des insectes qui habitent la France, la Belgique, la Hollande, le Luxembourg, la Prusse rhénane, le Nassau et le Valais, avec tableaux synoptiques et pl. gravées. *Caen, Le Blanc-Hardel*, 1868, 2 vol. in-8, demi-rel. bas.

Manque le tome II.

1167. **Felder** (C. et R.). Species lepidopterorum, hucusque descriptæ vel iconibus expressæ in seriem systematicam digestæ. *Vindobonæ*, 1864, 1 plaq. in-8, demi-rel. chag.

1168. **Fuessly** (Jean-Gaspar). Archives de l'histoire des insectes, publiées en allemand, traduites en français ; nombr. pl. en couleurs. *Winterthour, chez Ziegler*, 1794, 1 vol. in-4, demi-rel. v. avec coins, tr. peigne.

1169. **Geoffroy**. Histoire abrégée des insectes, dans laquelle ces animaux sont rangés suivant un ordre méthodique; pl. *A Paris, chez Durand*, 1764, 2 vol. in-4, rel. pl. v.

1170. **Godart et Duponchel**. Histoire naturelle des lépidoptères ou papillons de France, ouvr. basé sur la méthode de M. Latreille avec les fig. de chaque espèce dessinées et coloriées d'après nature. *Paris*, 1821-1838, 13 vol. et 4 vol. de supplément. — DUPONCHEL. Iconographie et histoire naturelle des chenilles pour servir de complément à l'Histoire naturelle des lépidoptères; nombr. pl. en couleur. *Paris, Baillière*, 1849, 2 vol. — DUPONCHEL. Catalogue méthodique des lépidoptères d'Europe distribués en familles, tribus et genres, pour servir de complément et de rectification à l'Histoire naturelle des lépidoptères de France devenue celle des lépidoptères d'Europe, par les suppléments qu'on y a ajoutés. *Paris, Méquignon-Marvis*, 1844, 1 vol. — Ensemble 20 vol. in-8, demi-rel. toile.

1171. **Guenée** (Aurore-A.). Europæorum microlepidopterorum index methodicus, sive pyrales, tortrices, tineæ et alucitæ Linnæi. *Parisiis, apud Roret*, 1845, 1 plaq. in-8, demi-rel. chag.

1172. **Guenée** (A.). Lépidoptères; annexe G de l'ouvr. intitulé Notes sur l'île de la Réunion, par L. Maillard; pl., 1 plaq. in-8, demi-rel. bas.

1173. **Guillemot** (Antoine). Catalogue des lépidoptères du département du Puy-de-Dôme. *Clermont-Ferrand*, 1854, 1 plaq. in-8, demi-rel. chag.

1174. **Heinemann**. Die Schmetterlinge Deutschlands und der Schweiz systematisch bearbeitet. *Braunschweig*, 1859-1870, 3 vol. in-8, demi-rel. toile.

1175. **Herrich-Schaffer** (G.-A.-W.). Systematische Bearbeitung der Schmetterlinge von Europa zugleich als. Textrevision und supplement zu Jakob Hübner's sammlung europæischer Schmetterlinge. *Regensburg*, 1843, nombr. fig. en couleurs, 11 tomes en 8 vol. gr. in-4, demi-rel. chag.

1176. **Herrich-Schaffer**. Prodromus systematis lepidopterorum. 1 vol. in-8, demi-rel. chag.

1177. **Heydenreich**. Lepidopterorum europæorum catalogus methodicus, Systematisches Verzeichniss der europæischen Schmetterlinge. *Leipzig*, 1851, 1 plaq. in-8, demi-rel. chag.

1178. **Jacquelin du Val** (Camille). Manuel entomologique. Genera des coléoptères d'Europe, comprenant leur classification en familles naturelles, la description de tous les genres, des tableaux dichotomiques destinés à faciliter l'étude, le catalogue de toutes les espèces, de nombreux dessins au trait de caractères et plus de treize cents types représentant un ou plusieurs insectes de chaque genre, dessinés et peints d'après nature par M. Jules Migneaux. *Paris, Deyrolle*, 1857-1868, 5 vol. in-4, demi-rel. chag.

1179. **Kirby** (W.-F.). A synonymic catalogue of diurnal lepidoptera. *London*, 1871, 1 vol. in-8, demi-rel. toile.

1180. **Lacordaire** (Th.). Histoire naturelle des insectes. Genera des coléoptères, ou exposé méthodique et critique de tous les genres proposés jusqu'ici dans cet ordre d'insectes. *Paris, Roret*, 1854-1866, 7 vol. in-8 de texte et 1 atlas, gr. in-8. — Ensemble 8 vol. demi-rel.

1181. **Lederer** (Julius). Die Nocturnen Europa's mit Zuziehung einiger bisher meist dazu gezahlter Arten des asiatischen Russland's, Kleinasien's, Syrien's und Labrador's. *Wien*, 1857, 1 vol. in-8, demi-rel. v.

1182. **Lucas** (H.). Histoire naturelle des lépidoptères exotiques; ouvr. orné de 200 fig. peintes d'après nature par Pauquet, et gravées sur acier. *Paris, de Bure*, 1845, 1 vol. in-8, demi-rel. toile.

1183. **Maillard** (L.). Notes sur l'île de la Réunion (Bourbon); nombr. pl. reliées à la fin du vol. *Paris, Dentu*, 1862, 2 tomes en 1 vol. in-8, demi-rel. chag., plats toile.

1184. **Maillard** (L.). Notes sur l'île de la Réunion (Bourbon). *Paris, Dentu*, 1863, 2 vol. et 1 atlas.

1185. — Le même ouvrage.

1186. **Marseul** (S.-A. de). L'Abeille. Mémoires d'entomologie. *Paris, Deyrolle*, 1864-1879, 9 vol. demi-rel. toile et 8 vol. br. — Ens. 17 vol. in-12.

1187. **Marseul** (S.-A. de). Catalogue des coléoptères d'Europe et du bassin de la Méditerranée en Afrique et en Asie. *Paris*, 1863, 1 vol. in-12, reliure toile.

1188. **Millière** (Pierre). Catalogue raisonné des lépidoptères des Alpes-Maritimes; 2° Supplément avec 1 photog. 1 vol. in-4, demi-rel. chag. — MILLIÈRE. Lépidoptérologie, 7 fascicules. *Cannes*, 1881, 1 vol. in-8, demi-rel. chag.

1189. **Millière**. Iconographie et description des chenilles et lépidoptères inédits; nombr. pl. *Paris, Savy*, 1859-1869, 3 vol. gr. in-8, en livraisons.

1190. **Natural history** of lepidopterous insects of New-South-Wales collected, engraved and faithfully painted after nature by John William Lewin. *London*, 1805, 1 vol. in-4, cart.

1191. **Olivier**. Entomologie, ou Histoire naturelle des insectes, avec leurs caractères génériques et spécifiques, leur description, leur synonymie et leur figure enluminée. *Paris*, 1789-1808, 6 vol. de texte et 2 vol. de planches. — Ens. 8 vol. in-4, demi-rel. v.

1192. **Papillons** (les), leur histoire, la manière de leur faire la chasse et de les conserver, ouvr. amusant et instructif orné de fig. représentant un choix des plus beaux papillons d'Europe dédié à la jeunesse; titre gravé. *Paris, Blanchard*, 1 vol. in-8 oblong., cart.

1193. **Part** 1 and II of a descriptive catalogue of the lepidopterous insects contained in the Museum of the East-India company. By Thomas Hornsfield. *London*, 1828-1829, 1 vol. in-4, cart.

1194. **Percheron** (A.). Bibliographie entomologique, accompagnée de notices sur les ouvrages périodiques, les dictionnaires et les mémoires des sociétés savantes; suivie d'une table méthodique et chronologique des matières. *Paris, Baillière*, 1837, 2 tomes en 1 vol. in-8, demi-rel. v., tr. peigne.

1195. **Petites Nouvelles entomologiques.** *Paris, Deyrolle*, du 1er juillet 1869 au 1er janvier 1874, 1 vol. in-4, cart. et du 1er janvier 1874 au 1er mars 1879, en livraisons.

Manque 7 livraisons.

1196. **Rambur** (P.). Catalogue systématique des lépidoptères de l'Andalousie; nombr. pl. en couleurs. *Paris, Baillière*, 1858, 1 vol. in-8, demi-rel. chag.

1197. **Rambur.** Catalogue des lépidoptères de l'île de Corse, avec la description et la figure des espèces inédites; pl. en couleurs. 1832, 1 vol. in-8, demi-rel. v.

1198. **Rambur.** Histoire naturelle des insectes névroptères; ouvr. accompagné de pl. *Paris, Roret*, 1842, 1 vol. in-8, demi-rel. toile.

1199. **Réaumur** (de). Mémoires pour servir à l'histoire des insectes; nombr. pl. *A Paris, de l'Imprimerie royale*, 1734-1742, 6 vol. in-4, rel. pl. v. marbré

Aux armes de France.

1200. **Sand** (Maurice). Catalogue raisonné des lépidoptères du Berry et de l'Auvergne (France centrale). *Paris, Deyrolle*, 1879, 1 vol. in-8, br.

1201. **Schaum** (H.). Catalogus coleopterorum Europæ. *Berolini*, 1862, 1 plaq. in-8, cart.

1202. **Stainton** (H.-T.). A manual of British butterflies and moths. *London*, 1857, 2 vol. in-12, cart.

1203. **Stainton.** Insecta Britannica. Lepidoptera tineina. *London*, 1854, 1 vol. in-8, cart.

1204. **Stainton.** L'Histoire naturelle des tineina; ouvr. en 4 langues. *Paris, Deyrolle*, 1855-1873, 13 vol. in-8, cart.

1205. **Stainton.** The tineina of Southern Europe. *London, Voorst*, 1869, 1 vol. in-8, br.

1206. **Stainton.** The tineina of Syria and Asia Minor. *London, Voorst*, 1867, 1 plaq. in-8, cart.

1207. **Selys-Longchamps** (de). Catalogue des lépidoptères ou papillons de la Belgique, précédé du tableau des libellulines de ce pays. *Liège, Desoer*, 1837, 1 plaq. in-8, demi-rel. chag.

1208. **Villiers** (de) et **Guénée.** Tableaux synoptiques des lépidoptères d'Europe : Diurnes. *Paris, Méquignon-Marvis*, 1835, 1 vol. in-4, demi-rel. bas.

1209. **Vinson** (Auguste). Aranéides des îles de la Réunion, Maurice et Madagascar, avec 14 pl. contenant 118 fig. dessinées d'après nature. *Paris, Roret*, 1863, 1 vol. in-4, br.

1210. **Wilkinson** (S.-J.). The british tortrices. *London, Voorst*, 1859, 1 vol. in-8, cart.

1211. **Wood** (W.). Index entomologicus ; or a complete illustrated catalogue consisting of upwards of two thousand accurately coloured figures of the lepidopterous insects of Great Britain ; with supplement containing figures and notices of nearly two hundred newly discovered species, synoptic lists, etc. by J. O. Westwood. *London, Willis*, 1854, 1 vol. in-8, demi-rel. chag. avec. coins.

3000 volumes en lots, et de nombreuses gravures, études ou dessins, gravés en grande partie par Calamata, en portefeuille ou encadrés.

Paris. — Typ. G. Chamerot, 19, rue des Saints-Pères. — 25395.

AVIS

Racontars illustrés d'un vieux Collectionneur, par l'auteur du *Voyage dans un Grenier* (CHARLES COUSIN, vice-président de la Société des Amis des Livres et de la Société des bibliophiles contemporains).

Exemplaire sur papier impérial du Japon, avec notes, suppléments, épreuves d'état des planches et tirages successifs des chromotypies, au nombre de sept. Deux volumes avec couverture en étoffe brochée d'or. Prix **500** fr.
Exemplaire sur papier impérial du Japon, avec notes, suppléments, et plusieurs épreuves d'état des planches, et tirages successifs des chromotypies au nombre de trois. Deux volumes brochés. Prix **300** fr.
Exemplaire sur papier impérial du Japon, un volume. Prix **150** fr.
Remise 33 %

L'Angélus de Millet, par FRÉDÉRIC JACQUE. Magnifique eauforte de grandeur exacte du célèbre tableau de MILLET (0,65 × 0,54, sans les marges).

100 épreuves sur parchemin. — L'épreuve **1000** fr.
100 épreuves sur beau papier. — L'épreuve **500** fr.
Remise 20 %

Le talent si apprécié du graveur que ces dernières planches ont placé au premier rang, les dimensions exceptionnelles de la planche, la nature du tirage et les soins minutieux qui y sont apportés, feront certainement de cette publication un des documents les plus curieux de la gravure moderne.

Cinq-Mars, ou une Conjuration sous Louis XIII, par le comte ALFRED DE VIGNY; ouvrage illustré de 10 grandes compositions de DAWANT, d'un portrait et de 2 médaillons gravés à l'eauforte par GAUJEAN.

Deux volumes in-8 jésus, sur papier à la cuve. Tirage de grand luxe limité à 50 exemplaires imprimés pour M. A. Ferroud, libraire des Amateurs. — Prix **250** fr.

Mémoires des Autres, par JULES SIMON; illustrations de NOEL SAUNIER, gravées sur bois par CHARPENTIER, MÉAULLE et QUESNEL.

Un volume in-12, sur papier du Japon. Tirage limité à 50 exemplaires imprimés pour M. A. Ferroud, libraire des Amateurs. — Prix **30** fr.

En préparation plusieurs autres volumes.

www.ingramcontent.com/pod-product-compliance
Lightning Source LLC
Chambersburg PA
CBHW070533100426
42743CB00010B/2061